Dresdner Vorträge zum Staatsrecht

Herausgegeben von
Prof. Dr. Arnd Uhle, Technische Universität Dresden

Band 9

Kai von Lewinski

Gesetzesverfasser und Gesetzgeber

Outsourcing und Fertigprodukte im Normsetzungsverfahren

Nomos

Die Deutsche Nationalbibliothek verzeichnet diese Publikation in der Deutschen Nationalbibliografie; detaillierte bibliografische Daten sind im Internet über http://dnb.d-nb.de abrufbar.

ISBN 978-3-8487-2688-2 (Print)

ISBN 978-3-8452-7034-0 (ePDF)

1. Auflage 2015

Vorwort

Das Auseinanderfallen von Normverfasser und Normgeber ist kein Novum. Gleichwohl ist ihm in den vergangenen Jahren unter dem Stichwort des „Gesetzgebungsoutsourcings" in der Staatspraxis neue Aktualität und in der Staatsrechtslehre vermehrte Aufmerksamkeit zugewachsen. Die damit verbundenen Fragen betreffen nicht nur Verbreitung und Erscheinungsformen dieser Praxis. Vielmehr gelten sie auch den verfassungsrechtlichen Grenzen einer solchen Vorgehensweise sowie der Sicherung des Letztentscheidungsrechts des parlamentarischen Gesetzgebers.

Der nachfolgend veröffentlichte Vortrag „Gesetzesverfasser und Gesetzgeber – Outsourcing und Fertigprodukte im Normsetzungsverfahren", den Prof. Dr. *Kai von Lewinski*, Inhaber des Lehrstuhls für Öffentliches Recht, Medien- und Informationsrecht an der Universität Passau, am 9. Dezember 2014 vor der Juristischen Fakultät der Universität Dresden gehalten hat, greift diese ebenso prinzipiell bedeutsamen wie praxisrelevanten Fragen auf und entfaltet die Thematik näher. Für die Drucklegung wurde das Vortragsmanuskript erweitert und mit Anmerkungen versehen.

Schließlich möchte ich es nicht versäumen, mich für die Unterstützung bei Organisation, Durchführung und Veröffentlichung der „Dresdner Vorträge zum Staatsrecht" bei den Mitarbeitern meines Lehrstuhls zu bedanken. Das gilt insbesondere für Frau *Anja Wenzel* M.A. sowie für Herrn Ass. iur. *Thomas Wolf*. Dank schulde ich zudem der Geschäftsführerin der Hanns Martin Schleyer-Stiftung zu Berlin, Frau *Barbara Frenz*, für die fortgesetzte Förderung der Vortrags- wie auch der Schriftenreihe. Der besondere Dank von Prof. Dr. *Kai von Lewinski* schließlich gilt Herrn Rechtsreferendar *Thomas Öller* für die Unterstützung bei Recherche und Erstellung der vorliegenden Abhandlung.

Dresden, im August 2015 *Arnd Uhle*

Inhaltsverzeichnis

A. Einleitung

Der Gesetzgeber gibt das Gesetz. – Aber muss er es auch erdacht und verfasst haben? Darf er sich helfen und zuarbeiten lassen? Kann er sich Gedanken und Konzepte anderer zu eigen machen, und, wenn ja, unter welchen Voraussetzungen? Die allgemeine Debatte in Deutschland hierzu nahm zuletzt ihren Ausgang bei einem Gesetzentwurf einer namhaften Anwaltskanzlei für den Bundeswirtschaftsminister im Zusammenhang mit Fragen der Finanzkrise 2008.[1] Aber schon immer kommen viele Teile des Rechts textlich und inhaltlich nicht vom Gesetzgeber, sondern werden „zugeliefert" oder „abgepaust".

Diskutiert wird dieser Problemkreis vor allem unter dem Stichwort des Gesetzgebungsoutsourcings.[2] Unter Outsourcing versteht man nach den in der Betriebswirtschaftslehre gebräuchlichen Definitionen[3] das Verlagern bisher selbst verrichteter Tätigkeiten nach außen bzw. die Nutzung von außerhalb des eigenen Unternehmens vorhandenen Ressourcen. Gründe hierfür sind allgemein die Fokussierung auf die Kernkompetenzen, der Zugriff auf externen Sachverstand, Skalierbarkeit und Kostenvorteile sowie der Verzicht auf eigene Investitionen, das Freisetzen von Kapazitäten, die Reduktion komplexer unternehmensinterner Prozesse und die Steigerung der Innovationsrate sowie das Ver-

---

1 *Hipp et al.*, Die Gesetzesflüsterer, in: Der Spiegel 34/2009, S. 68 ff.; *Carstens*, Streit in Berlin über die Gesetzgebung, in: F.A.Z. v. 13.8.2009, S. 2; *Prantl*, Guttenbergs Großkanzlei, in: SZ v. 8./9.8.2009, S. 1.

2 S. v.a. *Leven*, Gesetzgebungsoutsourcing, 2013; *Meßerschmidt*, Private Gesetzgebungshelfer – Gesetzgebungsoutsourcing als privatisiertes Regulierungsmanagement in der Kanzlerdemokratie?, Der Staat 51 (2012), S. 387 (387 ff.); *Kloepfer* (Hrsg.): Gesetzgebungsoutsourcing, 2011; *ders.*, Gesetzgebungsoutsourcing – Die Erstellung von Gesetzentwürfen durch Rechtsanwälte, NJW 2011, S. 131 (131 ff.); *Battis*, Outsourcing von Gesetzentwürfen?, ZRP 2009, S. 201 (201 f.).

3 Z.B. *Hutzschenreuter*, Allgemeine Betriebswirtschaftslehre, 5. Aufl. 2013, Kap. 7 Abs. 7.3; *Bea/Friedl/Schweitzer* (Hrsg.): Allgemeine Betriebswirtschaftslehre, Bd. 2, 9. Aufl. 2005, S. 188 ff.; *Sjuts*, in: Handelsblatt (Hrsg.): Handelsblatt-Wirtschaftslexikon, Bd. 8, 2006, S. 4229 (4229 ff.).

lagern von Risiken. Als Nachteile werden allgemein die bestenfalls indirekte Qualitätskontrolle, die Abhängigkeit vom Dienstleister und die Gefahr von Knowhow- und Geheimnisabflüssen, zusätzliche Transaktionskosten und das Risiko der Abhängigkeit genannt.

Diese wirtschaftswissenschaftliche Charakterisierung kann nicht nur auf den Bereich der Verwaltung übertragen werden, in dem das Outsourcing dem Begriff und der Sache nach in den letzten Jahren eine erhebliche Rolle gespielt hat.[4] Sondern diese allgemeinen Merkmale des Outsourcings lassen sich ohne viele Modifikationen auch im Bereich der Gesetzgebung finden:[5] Auch hier geht es um die Einbindung externer Experten und Spezialisten, oft auch um den Zukauf von Arbeitskapazitäten[6] oder (Halb-)Fertigprodukten in Lastsituationen.

Dabei scheint auf den ersten Blick die Konzentration auf die Kernkompetenzen, das „Do what you can do best, and outsource the rest!", auf das Outsourcing von Gesetzgebungsarbeit durch den Gesetzgeber ganz und gar nicht zu passen. Allerdings wird die nähere Betrachtung zeigen, dass der Gesetzgeber zwar die Gesetze *gibt*, sie mitnichten regelmäßig auch formuliert und verfasst (B.). Wenn der Gesetzgeber textlich nicht geistiger Vater dessen ist, was er gibt, stellen sich einige verfassungsrechtliche Fragen (C.), die für diese Konstellation spezifische Sicherungsmechanismen nahelegen (D.).

Eine ganz andere Frage ist die, ob auch ein gesetzgeberisches Insourcing ein Problem darstellen kann. So könnte man fragen, ob der Gesetzgeber nicht auch eine Zahl von Regelungsmaterien an sich zieht, die er auch ungeregelt lassen oder ge-

4 Z.B. *Stober*, Allgemeines Wirtschaftsverwaltungsrecht, 18. Aufl. 2014, § 3 III 2; *Badura*, Wirtschaftsverfassung und Wirtschaftsverwaltung, 4. Aufl. 2011, Rn. 161 ff.

5 Vgl. etwa zur Effektivität als Maßgabe des Verfassens von Rechtstexten *Xanthaki*, Drafting Legislation, 2014, S. 1 ff.

6 Aus fernen Ländern konnte man sogar von der Mechanisierung der ausfertigenden Unterschrift des Staatsoberhaupts hören (zu einem aus der Ferne ausgefertigten u.s.-amerikanischen Gesetz vgl. *Rüb*, „Patriot Act" gilt weiter, in: F.A.Z. v. 28.5.2011, S. 6; dazu *Schulev-Steindl*, Rationalitätsanforderungen an die parlamentarische Rechtsetzung im demokratischen Rechtsstaat (Aussprache und Schlussworte), VVDStRL 71 (2012), S. 103 (103 f.); *v. Lewinski*, in: Kahl/Waldhoff/Walter (Hrsg.): Bonner Kommentar zum Grundgesetz, Stand: 167. Erg.-Lfg. (2013), Art. 82 Rn. 180).

sellschaftlichen Akteuren überlassen könnte? Vor allem der Bundesgesetzgeber müsste die im zustehenden konkurrierenden Gesetzgebungskompetenzen (Art. 72 GG) nicht so umfänglich in Anspruch nehmen. – Dies aber soll im vorliegenden Rahmen unerörtert bleiben.

B. Auseinanderfallen von Normverfasser und Normgeber

Die Person des (materiellen) Normverfassers und die des (formellen) Normgebers können auseinanderfallen.

I. Keine Einheit von Normverfasser und Normgeber

Die umfassende personale Einheit von Normverfasser und Normgeber begegnet uns eigentlich nur in mythischer Zeit: So gehen wir bei den Zehn Geboten[7] von der Einheit von Normverfasser und Normgeber aus.[8] Aber schon die Zwölftafelgesetze des Alten Roms sollen (nur) eine bessere Kopie der Gesetze *Solons* gewesen sein.[9] Und *Solon* seinerseits hat nur das damalige mündlich überlieferte Gewohnheitsrecht aufgezeichnet,[10] war also nicht der eigentliche Urheber.

Die Betrachtung fremden Rechts (auch) unter dem Blickwinkel einer Übernahme in die eigene Rechtsordnung ist dabei überhaupt nicht anrüchig. So ist es gerade der praktische Nutzen der Rechtsgeschichte und der Geschichtlichen Rechtsvergleichung für die Gesetzgebung, die Gehalte früherer Rechtsordnungen im gegenwärtigen Recht zu bestimmen und zu bewerten. Und nicht nur von der Geschichte lässt sich

---

7 Wie im heutigen Leben auch beschränken sich die normativen Vorgaben Gottes allerdings nicht auf die eingängigen Zehn Gebote (2. Mose 20, 1–17), sondern sie umfassten auch ausführliche „Ausführungsverordnungen" und „Durchführungserlasse" (vgl. 2. Mose 20, 22–2. Mose 30, 38).

8 Aber auch in der Geschichte von den Zehn Geboten (2. Mose 19–30) ist – jedenfalls aus der Perspektive des Volkes Israel – der Normgeber (Gott) und sein Verkünder (*Moses*) nicht personenidentisch (z.B. 2. Mose 24, 3: „[...] übermittelte die Worte und Rechtsvorschriften des Herrn"). Dann aber übergab Gott *Mose* die (Stein-)Tafeln, auf denen er „die Weisung und die Gebote" (auch) niedergelegt hatte (2. Mose 24, 12) (vgl. *Dohmen*, Exodus 19–40, in: Zenger/Berges/Dohmen/Schwienhorst-Schönberger (Hrsg.): Herders Theologischer Kommentar zum Alten Testament (HThKAT), 2004, S. 196 ff.).

9 Dazu *Jakob/Manthe*, Recht in der römischen Antike, in: Manthe (Hrsg.): Die Rechtskulturen der Antike, 2003, S. 239 (245).

10 Dazu *Wesel*, Geschichte des Rechts, 4. Aufl. 2014, Rn. 107.

der Gesetzgeber inspirieren, sondern auch von Ideen aus anderen Rechtsordnungen. Dies ist dann das wissenschaftliche Feld der Rechtsvergleicher und Internationalrechtler und wird rechtspolitisch auch unter dem Stichwort „Rechtsim- und -export“ diskutiert.

II. Arbeitsteiligkeit des Gesetzgebungsprozesses

Wenn man Gesetzgebung (und Rechtsetzung allgemein) als einen Prozess begreift,[11] der nicht nur aus der punktuellen Verkündung der Norm besteht, sondern sich über eine gewisse Zeit hinzieht, dann ergibt sich daraus (jedenfalls die Möglichkeit), dass mehrere Personen und Akteure an der Normsetzung beteiligt sind.[12]

III. Vor- und Zuarbeit im Vorfeld des Gesetzgebungsverfahrens

Nach dem Grundgesetz ist die Gesetzgebung arbeitsteilig, und zwar ausdrücklich. Schon aus Gründen der Gewaltenteilung gibt es nicht den einen Normgeber, sondern die Initiativbefugten (Bundesregierung, Bundesrat und Abgeordnete des Bundestags, s. Art. 76 Abs. 1 GG), die beschlussfassenden Körperschaften (Bundestag und Bundesrat, s. Art. 77 f. GG), die Gegenzeichnenden (Mitglieder der Bundesregierung, s. Art. 82 Abs. 1 Satz 1 GG), der Ausfertigende (Bundespräsident, s. Art. 82 Abs. 1 Satz 1 GG) und der Verkündende (ebenfalls Bundespräsident, jedoch mit Hilfe des Bundesjustizministers als Schriftleiter des Bundesgesetzblatts, Art. 82 Abs. 1 Satz 1 GG) wirken bei der Gesetzgebung (im Bund) gewaltenverschränkt zusammen. –

---

11 Vgl. das Bild von der Rechtsetzung als „gerinnende Politik“ bei *Dix*, Anonymität für Lobbyisten? Zur Balance zwischen Informationsfreiheit und Datenschutz, in: Garstka/Coy (Hrsg.): Wovon – für wen – wozu. Systemdenken wider die Diktatur der Daten – Wilhelm Steinmüller zum Gedächtnis, 2014, S. 337 (339); allgemein zum Gewinn durch einen Perspektivenwechsel von einer punktuellen Betrachtung zur Betrachtung als Prozess am Beispiel der öffentlichrechtlichen Insolvenz *v. Lewinski*, Öffentlichrechtliche Insolvenz und Staatsbankrott, 2011, S. 23 ff.

12 Strukturierender Überblick bei *Rossi*, Erscheinungsformen nichtstaatlicher Einflüsse auf die staatliche Gesetzgebung, in: Kloepfer (Hrsg.): Gesetzgebungsoutsourcing, 2011, S. 25 (25 ff.).

Ähnliche Gewaltenverschränkungen finden sich auch in den Bundesländern und überhaupt in allen (gewaltengeteilten) modernen Demokratien.

1. Zentrale, aber schwache Rolle des Parlaments

Tatsächlich liegt auch der Schwerpunkt der Normabfassung im Parlament selbst nicht beim Plenum. Der Hauptteil der gesetzgeberischen Arbeit findet in den Ausschüssen statt.

2. Mitwirkung der Parteien

In der Parteiendemokratie des Grundgesetzes (vgl. Art. 21 GG) ist es eine Aufgabe der Parteien, individuelle Ziele, Wünsche und Interessen aus der Wählerschaft zu bündeln und zu kanalisieren. Zwar wirken nach Art. 21 Abs. 1 Satz 1 GG die Parteien an der Willensbildung des Volkes lediglich „mit“.[13] Gleichwohl ist hiermit eine herausgehobene Rolle bei der Staatsleitung ausdrücklich angeordnet.[14] Über Koalitionsvereinbarungen, die Fraktionen im Parlament und allerlei informelle Gremien[15] werden die Vorstellungen der Parteien in das Parlament eingespielt, auch wenn rein rechtlich daraus keine Bindung des Gesetzgebers folgt.[16]

---

13 *Rossi,* Erscheinungsformen nichtstaatlicher Einflüsse auf die staatliche Gesetzgebung, in: Kloepfer (Hrsg.): Gesetzgebungsoutsourcing, 2011, S. 25 (36).

14 *Kunig*, Parteien, in: Isensee/Kirchhof (Hrsg.): Handbuch des Staatsrechts, Bd. 3, 3. Aufl. 2005, § 40 Rn. 16 ff.

15 Dazu *Blum*, Wege zu besserer Gesetzgebung – sachverständige Beratung, Begründung, Folgeabschätzung und Wirkungskontrolle. Gutachten, Verhandlungen des 65. DJT, Bd. 1, 2004, I 1 (I 64 f.); *Schulze-Fielitz*, Der informale Verfassungsstaat, 1984, S. 93 ff.

16 Koalitionsvereinbarungen lösen keine Gesetzgebungspflicht aus und können auch keine sonstigen juristischen Bindungen erzeugen (statt aller *Stern*, Das Staatsrecht der Bundesrepublik Deutschland, Bd. 2, 1980, S. 615; *Leisner*, Rechtswirkungen von Reformankündigungen im Koalitionsvertrag?, NJW 2010, S. 823 (824); zur (Vor-)Wirkung von Gesetzesankündigungen *Kloepfer*, Vorwirkung von Gesetzen, 1974, S. 27 ff.).

Wiewohl die wesentlichen umzusetzenden politischen Ideen aus den die Regierung tragenden Parlamentsfraktionen stammen, verfassen diese doch nur in den wenigsten Fällen auch den Normtext.[17] Vielmehr kann man es als ein Merkmal der modernen Demokratie ansehen, dass die Mehrheitsfraktionen faktisch Zugriff auf die Arbeitskapazitäten und den legistischen Sachverstand der Ministerialbürokratie (s. dazu sogleich 3.) haben.

Die (parlamentarische) Opposition ist von dieser Möglichkeit, ihre politischen Ideen in die legistisch fachmännische Gestalt eines Gesetzentwurfs umzugießen, weitgehend ausgeschlossen. Dies scheint aber deshalb hinnehmbar, weil in dem antagonistischen Verhältnis von Regierungs- und Oppositionsfraktionen die politischen Ideen letzterer politisch-praktisch ohnehin kaum je in die Nähe gesetzgeberischer Umsetzung kommen. Was in diesem Zusammenhang für den Wert der politischen Arbeit zählt, ist die politische (Alternativ-)Idee, nicht die legistische Güte. Deshalb ist es stets wohlfeil, einen Gesetzentwurf der parlamentarischen Opposition legistischer Mängel zu zeihen. Die Opposition soll und kann vornehmlich auf der politisch-inhaltlichen Ebene Alternativen zur Regierungspolitik aufzeigen; eine Doppelstruktur zur Gesetzgebungsmaschine aufbauen und unterhalten (s.u. D.III.3.c)bb)), scheint deshalb wenig sinnvoll.

3. Ministerialbürokratie und parlamentarischer Gesetzgeber

Die Ministerialbürokratie ist nicht nur die personale Konstante innerhalb der Gesetzgebung und verkörpert das Sachwissen in allen Angelegenheiten der Staatsleitung sowie legistisches Wissen in besonderem Maße.[18] Ihr obliegt auch die Hauptarbeit bei dem Verfertigen von

17 Bezeichnend ist hierfür auf die Parallel- und Doppeleinbringung von Regierungsentwurf und Regierungsfraktionenentwurf zur Beschleunigung des Gesetzgebungsverfahrens durch Überspringen des „1. Durchgangs“ beim Bundesrat nach Art. 76 Abs. 2 Sat 1 GG (rechtspolitische Kritik bei *Schmidt-Jortzig/Schürmann*, in: Kahl/Waldhoff/Walter (Hrsg.): Bonner Kommentar zum Grundgesetz, Stand: 78. Erg.-Lfg. (1996), Art. 76 Rn. 265 f.).

18 *Filges*, Gesetzgebungsoutsourcing – ein neues Berufsfeld für Rechtsanwälte?, in: Kloepfer (Hrsg.): Gesetzgebungsoutsourcing, 2011, S. 95 (102); allgemein dazu

Normtexten, so dass der Ministerialapparat ein wesentlicher Akteur der Gesetzgebung ist.[19] Dies ist in der politischen Praxis so unwiderleglich wie unübersehbar und in Form des Initiativrechts der Bundesregierung (Art. 76 Abs. 1 Var. 1 GG)[20] auch von der Verfassung anerkannt. Bezeichnend ist in diesem Zusammenhang auch, dass dieser Teil des inneren Gesetzgebungsverfahrens oder Gesetzgebungsvorverfahrens[21] nicht in der Verfassung, sondern (nur) in der Gemeinsamen Geschäftsordnung der Bundesministerien (GGO) und der Geschäftsordnung der Bundesregierung (GOBReg) kodifiziert ist (§§ 22 f. GGO; § 15 Abs. 1 lit. a–d, § 28 GOBReg), also in Regelwerken der und für die Exekutive.[22]

4. Beteiligung der Betroffenen

Neben der Ministerialbürokratie, also der Exekutive, können politisch durchaus auch die von einer kommenden Regelung Betroffenen an dem Abfassen von Normen teilhaben. Diese Beteiligung kann von Stellungsnahmen über das Lobbying bis hin zu einvernehmlicher Rechtsetzung reichen.

Kropp, Die Ministerialbürokratie als Rollenpartner der Fachpolitik in den Fraktionen auf nationaler Ebene und im Mehrebenensystem der EU, DÖV 2010, S. 413 (413 ff.).

19 *Badura*, Staatsrecht, 5. Aufl. 2012, S. 596 Rn. 107.

20 Es ist sicherlich nicht ganz zufällig, sondern geronnene Verfassungserfahrung, dass in der Reihe der Initiativberechtigten die (Bundes-)Regierung an erster Stelle genannt wird (vgl. *Kloepfer*, Verfassungsrecht, Bd. 1, 2011, § 21 Rn. 180).

21 Kritik bei *Kloepfer*, Verfassungsrecht, Bd. 1, 2011, § 21 Rn. 169.

22 Dabei ist die GGO v. 9.8.2000 (GMBl. S. 526, zul. geänd. d. Bek. v. 1.9.2011, GMBl. S. 576) nicht mit der Geschäftsordnung der Bundesregierung (GOBReg) v. 11.3.1951 (GMBl. S. 137, zul. geänd. d. Bek. v. 22.10.2002, GMBl. S. 848) nach Art. 65 Satz 4 GG zu verwechseln. Vielmehr ist wohl das aus der Zeit der konstitutionellen Monarchie stammende Genehmigungserfordernis der Geschäftsordnung der Regierung durch das Staatsoberhaupt wohl der Grund, die auch veränderlichen Spielregeln des Zusammenarbeitens auf ministerieller Ebene in eben die GGO zu outsourcen (zu einem Genehmigungsvorbehalt des Bundespräsidenten auch hinsichtlich der GGO *Busse*, in: Friauf/Höfling (Hrsg.): Berliner Kommentar zum Grundgesetz, Stand: 35. Erg.-Lfg. (2011), Art. 65 GG, Rn. 22).

a) Interessenvertretung durch Verbände und Lobbyisten

Organisierte Interessenwahrnehmung, also das Geltendmachen individueller, auch wirtschaftlicher Interessen und deren Bündelung durch Verbände sowie das Herantragen der Interessen an Regierung und Parlamentarier, ist Teil der parlamentarischen Demokratie.[23] Dies wird Lobbying genannt, steht in keinem besonders guten Ruf, ist aber ein notwendiger Transmissionsriemen zwischen (organisierten) Betroffenen und dem Gesetzgeber.

Im Rahmen dieser Interessenvertretung reagieren Verbände und Private aber nicht nur auf politische Gesetzgebungsvorhaben und kommentieren sie. Diese Art der Partizipation und „Bürgerbeteiligung" kann von kundiger Verbandsseite auch so weit gehen, dass nicht ein Entwurf des Gesetzgebers kommentiert wird, sondern proaktiv diesem ein Entwurf zugeleitet wird.[24]

Ein gutes Beispiel ist das (niedersächsische) Gesetz über die Region Hannover, dessen Entwurf von den beteiligten Körperschaften erarbeitet worden war.[25] Ein anderes ist die EU-Datenschutz-Grundverordnung, bei der sich herausstellte, dass Europaparlamentsabgeordnete Formulierungen von Lobbyisten wortwörtlich in das Gesetzgebungsverfahren eingespielt hatten.[26]

b) Paktierte Gesetzgebung

Die Interaktion zwischen Normgeber und Normbetroffenem kann so weit gehen, dass der Norminhalt zwischen beiden abgestimmt wird.

---

23 BVerfGE 5, 85 (282); *Papier*, Lobbyismus und parlamentarische Demokratie, liberal 1/2007, S. 16 (17); *Lejeune* (Hrsg.): Interessengeleitete Demokratie, 2015.

24 *Blum*, Wege zu besserer Gesetzgebung – sachverständige Beratung, Begründung, Folgeabschätzung und Wirkungskontrolle. Gutachten, Verhandlungen des 65. DJT, Bd. 1, 2004, I 1 (I 95).

25 Nachw. bei *Blum*, Wege zu besserer Gesetzgebung – sachverständige Beratung, Begründung, Folgeabschätzung und Wirkungskontrolle. Gutachten, Verhandlungen des 65. DJT, Bd. 1, 2004, I 1 (I 95).

26 *Dix*, Anonymität für Lobbyisten? Zur Balance zwischen Informationsfreiheit und Datenschutz, in: Garstka/Coy (Hrsg.): Wovon – für wen – wozu. Systemdenken wider die Diktatur der Daten – Wilhelm Steinmüller zum Gedächtnis, 2014, S. 337 (339).

Man spricht dann von paktierter Gesetzgebung als einer besonderen Form kooperativen Staatshandelns.[27] Sie findet häufig ohne und vor Beteiligung des Parlaments statt.[28]

Zwar bleibt das Parlament dann rechtlich frei in seiner Entscheidung;[29] die faktische und politische Bindungswirkung ist aber offensichtlich.[30]

Der politisch wichtigste Fall paktierter Gesetzgebung war der (zweimalige) Ausstieg aus der Kernenergie in Deutschland.[31]

5. Plebiszitäre Demokratie und Liquid Democracy

Während also die Interaktion mit (unmittelbar) Normbetroffenen durchaus vorkommt, gehört die direkte Einbindung des Volkes gerade

---

27 *Schoch*, Entformalisierung staatlichen Handelns, in: Isensee/Kirchhof (Hrsg.): Handbuch des Staatsrechts, Bd. 3, 3. Aufl. 2005, § 37 Rn. 40; *Kloepfer*, Möglichkeiten und Grenzen paktierter Gesetzgebung am Beispiel des Atomrechts, ZG 2010, S. 346 (350); *Schorkopf*, Die „vereinbarte" Novellierung des Atomgesetzes, NVwZ 2000, S. 1111 (1112).

28 *Morlok*, Informalisierung und Entparlamentarisierung politischer Entscheidungen als Gefährdungen der Verfassung?, VVDStRL 62 (2003), S. 37 (77); *Kloepfer*, Möglichkeiten und Grenzen paktierter Gesetzgebung am Beispiel des Atomrechts, ZG 2010, S. 346 (348 f.); *Schorkopf*, Die „vereinbarte" Novellierung des Atomgesetzes, NVwZ 2000, S. 1111 (1112).

29 Die Rechtsnatur der paktierten Gesetzgebung (informales Staatshandeln, bloße politische Absichtserklärung) und ihre Rechtswirkungen (Vorrang der Verfassungsorgantreue, Geltung der Wesentlichkeitslehre) sind umstritten (vgl. *Kloepfer*, Rechtsfragen zur geordneten Beendigung gewerblicher Kernenergienutzung in Deutschland, DVBl. 2007, S. 1189 (1191); *Schorkopf*, Die „vereinbarte" Novellierung des Atomgesetzes, NVwZ 2000, S. 1111 (1112 f.); *Langenfeld*, Die rechtlichen Rahmenbedingungen für einen Ausstieg aus der friedlichen Nutzung der Kernenergie, DÖV 2000, S. 929 (936); *Schoch*, Entformalisierung staatlichen Handelns in: Isensee/Kirchhof (Hrsg.): Handbuch des Staatsrechts, Bd. 3, 3. Aufl. 2005, § 37 Rn. 41).

30 *Morlok*, Informalisierung und Entparlamentarisierung politischer Entscheidungen als Gefährdungen der Verfassung?, VVDStRL 62 (2003), S. 37 (75).

31 Zum „rot-grünen Ausstieg" *Langenfeld*, Die rechtlichen Rahmenbedingungen für einen Ausstieg aus der friedlichen Nutzung der Kernenergie, DÖV 2000, S. 929 (936 ff.), zur zwischenzeitlichen Laufzeitverlängerung („Ausstieg aus dem Ausstieg") *Kloepfer/Bruch*, Die Laufzeitverlängerung im Atomrecht zwischen Gesetz und Vertrag, JZ 2011, S. 377 (377 ff.), und zum „schwarz-gelben Ausstieg" dann *Kloepfer*, Verfahrene Atomausstiegsverfahren?, UPR 2012, S. 41 (41 ff.).

nicht zum Wesen der repräsentativen Demokratie. Politische (Sach-)Entscheidungen werden nicht unmittelbar vom Volk, sondern (nur) durch deren Repräsentanten getroffen. Allerdings ist im Grundgesetz bekanntlich nicht exklusiv das Repräsentativsystem vorgesehen. Für bestimmte Fragen (Gebietsänderungen, Art. 29 GG; Ablösung des Grundgesetzes durch neue Verfassung, Art. 146 GG) schon heute, nach einer Verfassungsänderung auch in anderen Bereichen sind direkte(re) Formen der plebiszitären Beteiligung an der Normsetzung durchaus möglich.

Stichwort in diesem Zusammenhang ist „Liquid Democracy", die v.a. von der Piratenpartei propagiert worden ist. Man könnte dies auch als „legislatives Crowdsourcing" bezeichnen.

6. Rück- und Zugriff auf externen Sachverstand

Daneben werden häufig[32] auch (externe) Experten in unterschiedlichster Weise in die Gesetzgebung eingebunden. Dies ist weder eine Erscheinung erst der jüngeren Zeit, noch ist sie auf die Erstellung von Gesetzentwürfen beschränkt.[33] So kann sich externe Beratung auf politische Fragen allgemein oder auf konkretes Gesetzesvorhaben beziehen.[34] Zeitlich kann die Beratung durch Dritte in unterschiedlichen Stadien erfolgen: So spricht man von prospektiver Beratung, wenn diese im Vorfeld der Gesetzesinitiative erfolgt, von begleitender Beratung, wenn diese während des Verfahrens notwendig wird (bspw. in

---

32 *Voßkuhle*, Sachverständige Beratung des Staates, in: Isensee/Kirchhof (Hrsg.): Handbuch des Staatsrechts, Bd. 3, 3. Aufl. 2005, § 43 Rn. 1 ff.; Versuch einer Quantifizierung bei *Döhler*, Gesetzgebung auf Honorarbasis – Politik, Ministerialverwaltung und das Problem externer Beteiligung an Rechtsetzungsprozessen, PVS 2012, S. 181 (181 ff.).

33 So wird etwa der Bundespräsident bei der Prüfung von Gesetzesbeschlüssen auch durch externe Juristen, meist Hochschullehrer, unterstützt (*v. Lewinski*, in: Kahl/Waldhoff/Walter (Hrsg.): Bonner Kommentar zum Grundgesetz, Stand: 162. Erg.-Lfg. (2013), Art. 82 Rn. 150).

34 *Ennuschat*, Wege zu besserer Gesetzgebung – sachverständige Beratung, Begründung, Folgenabschätzung und Wirkungskontrolle, DVBl. 2004, S. 986 (989).

Ausschüssen), und letztlich von retrospektiver Beratung, wenn es um die Evaluierung von Gesetzen (Gesetzesfolgenabschätzung) geht.[35]

a) Sachverständigenzuarbeit allgemein

Die Beteiligung von Sachverständigen steht für sachliche Richtigkeit und Sachangemessenheit, da und wenn ihnen besondere Sachkunde, Unparteilichkeit und Unabhängigkeit zugeschrieben werden.[36]Für die sachverständige Beratung kommen Forschungsinstitute und Think Tanks sowie auch Kammern (da und soweit sie nicht Einzelinteressen, sondern den Gesamtinteressen ihres Berufsstandes verpflichtet sind, vgl. § 1 Abs. 1 IHK-G) in Betracht. Zunehmend ist die Politikberatung aber auch selbständiger Geschäftsgegenstand von Unternehmen und Unternehmensberatungen.[37]

Zu denken ist ferner an sachverständige Beratung durch Professoren (wissenschaftliche Politikberatung). Problematisch ist allerdings, wenn deren „elfenbeinerne" Ideallösung häufig nicht die konträren politischen Interessen berücksichtigt und ein solcher Vorschlag dann zumeist im politischen Verfahren an seiner fachlichen Perfektion scheitern, weil Politik kein Interesse an konzeptioneller Perfektion hat, sondern vielmehr Interessen im Kompromiss umsetzt.[38] In der Demokratie gewinnt nicht der eleganteste Entwurf, sondern der (dann ausgehandelte) Vorschlag der Mehrheit. Ist die zu regelnde Materie hingegen eine eher unpolitische Materie, kann sich eine professorale Sachverständigenberatung anbieten, da diese Beratung eben nicht im politischen Klein-Klein aufgerieben wird.[39]

---

35 *Blum*, Wege zu besserer Gesetzgebung – sachverständige Beratung, Begründung, Folgeabschätzung und Wirkungskontrolle. Gutachten, Verhandlungen des 65. DJT, Bd. 1, 2004, I 1 (I 51 ff.).

36 *Filges*, Gesetzgebungsoutsourcing – ein neues Berufsfeld für Rechtsanwälte?, in: Kloepfer (Hrsg.): Gesetzgebungsoutsourcing, 2011, S. 95 (96); *Krüper*, Lawfirm – legibus solutus?, JZ 2010, S. 655 (658); *Spreen*, Möglichkeiten externer Beratung in Politik und Verwaltung, DVBl 2014, S. 256 (356 ff.).

37 *Burkhardt*, Die Einbindung privater Unternehmensberater in staatliche Entscheidungsprozesse, 2008, S. 10 ff.; vgl. auch *Mandelartz*, Rechtsfragen der Regierungsberatung, DÖV 2008, S. 261 (263): „Agenturberatung".

38 Dazu *Blum*, Wege zu besserer Gesetzgebung – sachverständige Beratung, Begründung, Folgeabschätzung und Wirkungskontrolle. Gutachten, Verhandlungen des 65. DJT, Bd. 1, 2004, I 1 (I 15 ff.).

39 *Schulze-Fielitz*, Wege, Umwege oder Holzwege zu besserer Gesetzgebung, JZ 2004, S. 862 (868).

Eine besondere Form der (gesamthaften) Einbindung externen Sachverstands sind Kommissionen und Expertengremien (z.B. Hartz-, Rürup-, Süssmuth-, Bundeswehr-, Zuwanderungs-Kommission). Diese Gremien bestehen aus unabhängigen Personen und/oder aus Fachleuten.[40] Oft werden diese Gremien auch paritätisch besetzt (sog. „Verhandlungsdemokratie“).[41] Problematisch an dieser Form ist, dass sie zu sogenannter „Kommissionitis“ oder „Gremienwildwuchs“ führen kann; auch kann sie zu einer Form der Symbolpolitik werden.[42]

b) Legistische Beratung und Zuarbeit

Ein Sonderfall der sachverständigen Zuarbeit ist die legistische Hilfestellung für den Gesetzgeber. Solche spezifisch gesetzesverfassende Zuarbeit kann Hand in Hand mit fachlicher Beratung gehen, ist aber nicht notwendig mit ihr verbunden.

Anlass für die Inanspruchnahme legistischer Dienstleistungen ist meist der Mangel an verfügbaren Ressourcen innerhalb des Ministeriums, etwa wenn ein Gesetzentwurf binnen kurzer Zeit entworfen werden muss. Meist kann dann der Sachverstand auch nicht aus anderen öffentlichen Behörden oder Ministerien, die eine entsprechende Spezialisierung aufweisen, abgezogen werden, wenn ansonsten dort Aufgaben vernachlässigt werden müssten.[43] Wegen des behäbigen Dienst- und Haushaltsrechts sind spontane Aufstockungen des Mitarbeiterstabs kaum möglich. Auch scheint es unter dem Gesichtspunkt der Wirtschaftlichkeit und Sparsamkeit (§ 7 Abs. 1 BHO; § 6 Abs. 1 HGrG)

---

40 *Ennuschat*, Wege zu besserer Gesetzgebung – sachverständige Beratung, Begründung, Folgenabschätzung und Wirkungskontrolle, DVBl. 2004, S. 986 (990); *Siefken*, Expertenkommissionen der Bundesregierung, in: Falk/Rehfeld/Römmele/Thunert (Hrsg.): Handbuch Politikberatung, 1. Aufl. 2006, S. 215 (220).

41 Diese Perspektivenvielfalt ist in dem bekannten Ausspruch *Charles de Gaulles*: „Les dix commandements sont aussi clairs et compréhensibles parce qu'ils ont été formulés sans l'aide d'une commission d'experts.“ („Die Zehn Gebote sind deshalb so klar und verständlich, weil sie ohne Mitwirkung einer Sachverständigenkommission zusammengestellt worden sind.“) enthalten.

42 *Siefken*, Expertenkommissionen der Bundesregierung, in: Falk/Rehfeld/Römmele/Thunert (Hrsg.): Handbuch Politikberatung, 1. Aufl. 2006, S. 215 (222 f.).; *Papier*, Lobbyismus und parlamentarische Demokratie, liberal 1/2007, S. 16 (19 f.).

43 *Filges*, Gesetzgebungsoutsourcing – ein neues Berufsfeld für Rechtsanwälte?, in: Kloepfer (Hrsg.): Gesetzgebungsoutsourcing, 2011, S. 95 (102).

sinnvoll, die dauerhafte Personalstärke nicht an der maximalen Arbeitslast auszurichten.[44]

So lagen die Dinge wohl im bekannten Linklaters-Fall,[45] in dem der Grund für die Einschaltung einer externen Kanzlei nicht ein generelles Fehlen legistischer Fähigkeiten im Bundeswirtschaftsministerium, sondern das Fehlen fachlichen Sachverstands in kreditwirtschaftlichen Fragen war. Dass in diesem Fall anstatt eines Rechtsgutachtens ein Gesetzentwurf samt Begründung geliefert worden war, war wohl vor allem dem besonderen Zeitdruck der damaligen finanzpolitischen Krisensituation geschuldet.[46]

aa) Rechtsanwälte

Rechtsanwälte sind nicht nur „Experten für Norm- und Formfragen".[47] Ihnen ist die zu regelnde Materie in ihren praktischen Konsequenzen oft vertrauter als der Ministerialbürokratie, da sie sich in ihrer täglichen Arbeit vor allem mit der Gesetzesanwendung befassen und daher die materiellen Probleme kennen. Vor allem aber besitzen (größere) Anwaltskanzleien die Fähigkeit, Beraterteams schnell und skalierbar zusammenzustellen.[48]

α) Zuarbeit bei der Gesetzgebung als anwaltliche Tätigkeit?

Lobbying ist keine anwaltliche Tätigkeit, wenngleich aber ein erlaubter Zweitberuf von Rechtsanwälten. Denn dabei handelt es sich zwar um eine Interessenvertretung, wie sie dem Anwaltsberuf immanent ist. Sie

---

44 Vgl. *Stadler,* Gesetzgebungsoutsourcing – Bereicherung oder Armutszeugnis?, in: Kloepfer (Hrsg.): Gesetzgebungsoutsourcing, 2011, S. 15 (17), der zudem darauf hinweist, dass sich der Bestand des Personals, welches den Ministerien zur Verfügung steht, nicht oder unwesentlich verändert hat, obwohl die Gesetzesvorhaben wesentlich komplexer geworden sind.

45 S.o. Abschnitt A. Fn. 1.

46 Illustrativ *Wolfers*, Finanzmarktstabilisierung Oktober 2008: „Gefahrenabwehr" in 48 Stunden, in: Kloepfer (Hrsg.): Gesetzgebungsoutsourcing, 2011, S. 161 (161 ff.).

47 Vgl. *Battis*, Outsourcing von Gesetzentwürfen?, ZRP 2009, S. 201 (202).

48 *Filges*, Gesetzgebungsoutsourcing – ein neues Berufsfeld für Rechtsanwälte?, in: Kloepfer (Hrsg.): Gesetzgebungsoutsourcing, 2011, S. 95 (102).

ist aber keine *rechtliche* Interessenwahrnehmung.[49] Auch die sachverständige neutrale Beratung ist meist keine anwaltliche Tätigkeit, weil ihr die anwalts-typische Parteilichkeit (für den Mandanten) fehlt.

Bei der legistischen Unterstützung des Mandanten, also bei der Rechtsgestaltung, ist dies anders: Sie ist ohne weiteres anwaltliche Tätigkeit.[50] Bei Beteiligung von Rechtsanwälten an der Gesetzgebung liegt trotz allen rechtlichen und Branchensachverstands regelmäßig klassisches Outsourcing vor, keine sachverständige Politikberatung. Denn im Vordergrund steht nicht der fachlich-neutrale Austausch zwischen Anwalt und Staat, sondern es wird die Erstellung eines Entwurfs auf den Rechtsanwalt als Dritten delegiert.[51]

β) Anwalt als Organ der Rechtspflege

Bestimmungsgemäß sind Rechtsanwälte dann an das Mandanteninteresse gebunden; als Anwälte sind sie nicht Sachverständige, sondern rechtskundige Interessenwalter. Diese Tätigkeit wird (von den Interessen sonstiger Mandanten) unabhängig und verschwiegen wahrgenommen. Dass die Anwaltschaft grundsätzlich staatsfern organisiert ist (§ 1, § 43a Abs. 1 BRAO) schließt nicht aus, dass ein Anwalt auch für den Staat tätig wird.

Stets sind Rechtsanwälte „Organ der Rechtspflege" (§ 1 BRAO), dem Staat über die Rechtsordnung und die Justiz also in besonderer Weise verbunden. Dies betrifft aber nur ihre Stellung im Justizbereich. Als Mandant genießen der Staat und die öffentliche Hand keine Sonderstellung;[52] der Anwalt wird durch das Mandat nicht etwa zu einem

---

49 *v. Lewinski*, Grundriss des Anwaltlichen Berufsrechts, 3. Aufl. 2012, S. 74.

50 *Battis*, Outsourcing von Gesetzentwürfen?, ZRP 2009, S. 201 (201 ff.); *v. Lewinski*, Grundriss des Anwaltlichen Berufsrechts, 3. Aufl. 2012, S. 72.

51 *Filges*, Gesetzgebungsoutsourcing – ein neues Berufsfeld für Rechtsanwälte?, in: Kloepfer (Hrsg.): Gesetzgebungsoutsourcing, 2011, S. 95 (97 f.).

52 Allerdings führt die besondere Bindung von Rechts- und Steuerberatern zur Interessenwahrung und -wahrnehmung durch ihr Berufsrecht gegenüber Auftraggebern der Öffentlichen Hand, die auch das Wirtschaftlichkeitsgebot (§ 7 Abs. 1 BHO; § 6 Abs. 1 HGrG) zu beachten haben, dazu, dass die Honorargestaltung

Kron-, Staats- oder Amtsanwalt. Wie gegenüber jedermann sind Anwälte auch gegenüber dem Staat und Gesetzgeber (nur) an die Vorgaben ihres Berufsrechts gebunden.

Vielleicht auch deshalb ist Anwälten eine fehlende Orientierung am Gemeinwohl vorgeworfen worden, wenn und weil sie (bestimmungs- und berufsbildgemäß) nur Partikularinteressen und Mandanteninteressen vertreten. Es ist richtig, dass Anwälte staatliche Interessen nicht in einem besonderen Maße vertreten und wahren, nur weil der Staat (in Gestalt des Gesetzgebers) sie mandatiert hat.

γ) Interessenskonflikte zwischen Anwaltschaft und staatlicher Gesetzgebung

Diese Behandlung des staatlichen Mandats wie jedes andere ist insoweit an sich und grundsätzlich nicht problematisch, weil die anwaltsrechtlichen Regelungen zu Verhinderung von Interessenkonflikten auch hier gelten. Die entsprechenden Regelungen im anwaltlichen Berufsrecht (einschließlich teilweiser strafrechtlicher Flankierung) werden allgemein als wirksam und effektiv eingeschätzt.

Allerdings adressieren diese nur individuell-konkrete Konflikte. Daneben kann es auch abstrakt-generelle Konflikte zwischen einem konkreten Gesetzesvorhaben und dauerhaft zu beratenden Mandanten geben. Eine solche Verzeichnung der anwaltlichen Perspektive wird vom anwaltlichen Berufsrecht nicht ausdrücklich adressiert, wenngleich das allgemeine Parteilichkeitsgebot des Anwalts zugunsten eines jeden Mandanten gleichwohl eine rechtliche Vorgabe macht, die allerdings nicht mit konkreten Sanktionen bewehrt ist.

---

und Mandatsführung in besonderer Weise die Auswirkungen auf den Haushalt zu reflektieren hat (*v. Lewinski*, Berufsrecht und Haftung beim Gesetzgebungsoutsourcing, AnwBl. 2011, S. 655 (670)).

bb) Rechtslehrer

Als Alternative zu den möglicherweise von einem gesamthaften Mandantschaft-Bias betroffenen Rechtsanwälten mag man an Rechtslehrer denken. Diese sind in aller Regel Staatsdiener und fachlich in ihrem jeweiligen Fach ebenso beschlagen wie berufsmäßige Rechtsdienstleister. Allerdings unterscheiden sich Rechtslehrer als (nebentätige) Rechtsdienstleister dadurch von den rechts- und wirtschaftsberatenden Berufen, dass sie keinen berufsrechtlichen Bindungen unterliegen.[53]

Dabei mag die notwendige Genehmigung einer solchen (Neben-)Tätigkeit durch den Dienstherrn (für den Bund § 99 BBG; s.a. die Untersagungsmöglichkeiten nach § 100 Abs. 4 i.V.m. Abs. 2 BBG) als eine äußerste Grenze gegen Interessenkollision wirken. Doch ist zu bedenken, dass der Maßstab für die (Nicht-)Genehmigung von Nebentätigkeiten im Hochschulbereich oder deren Untersagung nicht deren Nützlichkeit für den Auftraggeber, sondern die Schädlichkeit für den Dienstherrn ist.[54] Ob man also insoweit eine Schutzpflicht des Dienstherrn für die eigene oder gar eine fremde Exekutive annehmen kann, soll an dieser Stelle offenbleiben, ist aber jedenfalls mit einem Fragezeichen zu versehen. Denn auch eine Prozessvertretung gegen den (eigenen) Dienstherrn ist unter bestimmten Voraussetzungen nebentätigkeitsgenehmigungsfähig.[55]

c) Fremde Staaten

Vor allem in der Entwicklungshilfe,[56] teilweise durchaus auch verstanden als Förderung der eigenen Wirtschaft,[57] ist der Rechtsexport ein Instrument. Eine Rechtsordnung oder (meist) einzelne Gesetze des einen Staates dienen einem anderen als Vorlage. Dieser Transmissionsprozess hat viele personelle Varianten: Vom ausländischen Doktoran-

---

53 *v. Lewinski*, Rechtslehrer als Berater und Vertreter in Verwaltungs- und Gerichtsverfahren, in: Römermann (Hrsg.): Anwaltschaft und Berufsrecht – Festschrift für Wolfgang Hartung zum 75. Geburtstag, 2008, S. 93 (102 ff.).

54 *Kugele*, in: Kugele (Hrsg.): BBG – Kommentar zum Bundesbeamtengesetz, Bd. 1, 1. Aufl. 2011, § 100, Rn. 19 ff.; *Battis*, in: Battis (Hrsg.): BBG – Bundesbeamtengesetz, 4. Aufl. 2009, § 99 Rn. 8, § 100 Rn. 17.

55 So im Umkehrschluss OVG Hamburg, JZ 1978, 188 (190).

56 Zusammenfassend *Hülshörster/Mirow* (Hrsg.): Deutsche Beratung bei Rechts- und Justizreformen im Ausland – 20 Jahre Deutsche Stiftung für Internationale Rechtliche Zusammenarbeit (IRZ), 2012.

57 S. *Bundesnotarkammer et al.* (Hrsg.): Law – Made in Germany, 3. Aufl. 2014.

den bis zu von der exportierenden Regierung entsandten „legistischen Entwicklungshelfern“ reicht die Bandbreite.

Ein aktuelles Beispiel – wenn auch nicht streng im gesetzgeberischen Kontext – waren französische Regierungsvertreter, die der griechischen Regierung auf dem Höhepunkt der Griechenlandkrise im Sommer 2015 bei der Formulierung eines Hilfsantrags an die EU, EZB und den IWF halfen.[58]

7. Zwischenergebnis: Zahlreiche Gesetzesverfasser

Der Gesetzgeber nimmt Hilfe und Zuarbeit bei seiner legisfaktorischen Tätigkeit in vielen Konstellationen in Anspruch. Die Person des Gesetzgebers und die des Gesetzesverfassers fallen auseinander. Der Gesetzgeber steht in vielfältigen Wechselbeziehungen, Beratungsverhältnissen und (auch demokratischen) Rückkopplungen mit seiner Umwelt.

IV. Determinierung des Gesetzgebers durch höherrangiges Recht

Neben den vielen (möglichen) Gesetzesverfassern wird der Inhalt von Normen oftmals auch durch andere Normen insbesondere anderer Normebenen bestimmt und vorgegeben. Hier ist es nicht ein konkreter externer Akteur, der auf den Norminhalt Einfluss nimmt, sondern eben ein anderer Normgeber oder eine andere Normebene.

Dies ist nicht eine rein rechtstechnische Frage der Normhierarchie, sondern beschreibt auch eine Möglichkeit der Um- und Durchsetzung politischer Ziele, die etwa im Wege der unmittelbaren Normsetzung politisch nicht verwirklicht werden können. So ist immer wieder zu beobachten, dass zur Durchsetzung von innerstaatlich kontroversen

58 *Stabenow/Bannas*, Gemischte Reaktionen auf Vorschläge aus Athen, in: F.A.Z. v. 11.7.2015, S. 1.

Zielen oftmals der Weg über die Europäische Union genommen wird[59] (Bsp.: Vorratsdatenspeicherung).[60]

1. Gesetzgebungsverpflichtungen aus dem Grundgesetz

Innerhalb der grundgesetzlichen Ordnung kann der verfassungsgebende und verfassungsändernde Gesetzgeber die nachfolgenden einfachen Gesetzgeber legislaturperiodenübergreifend binden und leiten.[61] Teilweise ergeben sich verfassungsrechtlichen Vorgaben zum Normerlass ausdrücklich aus Gesetzgebungsaufträgen (Art. 110 Abs. 2, 3 GG, Art. 3 Abs. 2 S. 2 GG, Art. 29 Abs. 4 GG).[62] Auch grundrechtliche Schutzpflichten[63] und Staatszielbestimmungen können Verpflichtungen zum Erlass von Normen und Gesetzen enthalten.[64]

2. Determinierung durch das Bundesverfassungsgericht

Manchmal sind solche Gesetzgebungspflichten nicht ausdrücklich im Verfassungstext angelegt. Sie können sich dann aber aus Verfassungsgerichtsurteilen ergeben.[65] Dogmatisch handelt es sich in diesen Fällen ebenfalls um eine Gesetzgebungsverpflichtung aufgrund Verfassungsrechts, wie sie eben (IV.1.) beschrieben worden ist. Im politischen

59 *Kloepfer*, Verfassungsrecht, Bd. 1, 2011, § 44 Rn. 9.

60 Überblick über die erste Einführung der Vorratsdatenspeicherung bei *Westphal*, Die neue EG-Richtlinie zur Vorratsdatenspeicherung, EuZW 2006, S. 555 (555 ff.).

61 Vgl. *Mann*, in: Sachs (Hrsg.): GG, 7. Aufl. 2014, Art. 76 Rn. 14.

62 BVerfGE, 94, 241 (259); *Mann*, in: Sachs (Hrsg.): GG, 7. Aufl. 2014, Art. 76 Rn. 14; *Lücke*, Soziale Grundrechte als Staatszielbestimmungen und Gesetzgebungsaufträge, AöR 107 (1982), S. 15 (22 ff.).

63 BVerfGE 88, 203 (251 f., 261 f., 309); 96, 56 (64); *Stern*, Das Staatsrecht der Bundesrepublik Deutschland, Bd. 3/1, 1988, S. 1287 f.

64 *Mann*, in: Sachs (Hrsg.): GG, 7. Aufl. 2014, Art. 76 Rn. 14; *Lücke*, Soziale Grundrechte als Staatszielbestimmungen und Gesetzgebungsaufträge, AöR 107 (1982), S. 15 (20 ff., 46 ff.).

65 Vgl. *Britz*, Das Verhältnis von Verfassungsgerichtsbarkeit und Gesetzgebung, Jura 2015, S. 319 (320).

Kontext wird das Bundesverfassungsgericht deshalb häufig als „Ersatzgesetzgeber“ charakterisiert.[66]

Dabei kann sich die verfassungsgerichtliche Determinierung auf das „Ob“[67] und auch auf das „Wie“[68] beziehen. So kann das Bundesverfassungsgericht den Gesetzgeber auffordern, tätig zu werden (§ 31 Abs. 1 BVerfGG). Oder es kann mit gesetzeskräftiger Entscheidung (§ 31 Abs. 2 BVerfGG) eine bestimmte Rechtslage feststellen, die dann (mittelbar) ein gesetzgeberisches Tätigwerden nahelegt oder gar dazu zwingt.

Ein neuartiges Beispiel von absoluter Determinierung durch das BVerfG ergibt sich aus dem noch jungfräulichen Verfahren[69] nach Art. 93 Abs. 2 GG, der grundgesetzlichen Anordnung einer Gesetzesersetzung durch Urteil (Art. 93 Abs. 2 S. 2 GG).[70] Das Verfahren nach Art. 93 Abs. 2 GG sieht deshalb nicht, wie sonst üblich, eine Bindung nach § 31 Abs. 1 BVerfGG oder Gesetzeskraft nach § 31 Abs. 2 BVerfGG vor.[71]

---

66 Überblick bei *Wagner*, Ersatzgesetzgeber oder nicht?, 2013.

67 Genannt werden kann hier Pflicht zur Nachbesserung (z.B. BVerfGE 50, 290 (335); 65, 1 (55 f.); 82, 353 (380); 88, 203 (309 f.); 90, 145 (219 f.)), die Pflicht zur Fortentwicklung (z.B. BVerfGE 125, 175 (225)) und etwa Korrekturpflichten bei festgestellten Grundrechtsverstößen.

68 Beispiele sind etwa die Entscheidungen zur Gewährleistung eines menschenwürdigen Existenzminimums (BVerfGE 125, 175 – Hartz IV), zum finanzrechtlichen Maßstäbegesetz (BVerfGE 101, 158) und zu einem grundgesetzkonformes Wahlrecht (BVerfGE 131, 316).

69 Jungfräulich kann diese Verfahrensart deshalb bezeichnet werden, weil sie seit ihrer Einführung im Jahre 2006 noch nicht zur Anwendung gekommen ist (vgl. Jahresstatistik des BVerfG 2014 – Eingänge nach Verfahrensarten, unter: http://www.bundesverfassungsgericht.de/DE/Verfahren/Jahresstatistiken/2014/gb2014/A-I-4.html (abgerufen am 13.8.2015)). Derzeit sind auch – soweit ersichtlich – keine Verfahren zu erwarten.

70 *Detterbeck*, in: Sachs (Hrsg.): GG, 7. Aufl. 2014, Art. 93 Rn. 106 ff.; *v. Coelln*, in: Maunz/Schmidt-Bleibtreu/Klein/Bethge, Bundesverfassungsgerichtsgesetz, Bd. 2, Stand 39. Erg.-Lfg. (2012), § 96 Rn. 86.

71 *Papier*, Aktuelle Fragen der bundesstaatlichen Ordnung, NJW 2007, S. 2145 (2147); *Klein/Schneider*, Art. 72 GG n. F. im Kompetenzgefüge der Föderalismusreform, DVBl. 2006, S. 1549 (1555 f.).

3. Determinierung mitgliedstaatlicher Gesetzgebung durch die EU

Im Zuge der europäischen Integration, die mit den „Römischen Verträgen" 1958 begann, wurden nach und nach deutsche Hoheitsrechte auf die europäische Ebene nach Maßgabe des (heutigen) Art. 23 Abs. 1 Satz 2 GG übertragen. Die Übertragung der Hoheitsrechte auf die europäische Ebene hat zur Folge, dass der Bundestag Befugnisse zur Gesetzgebung abgab oder sein Entscheidungsspielraum dahingehend eingeschränkte. In vielen Bereichen wurde er zu einem nur noch ausführenden und konkretisierenden Akteur.

a) Ausschluss der Zuständigkeit des deutschen Gesetzgebers

Für bestimmte Bereiche (etwa die Zollunion, die Währungspolitik, die gemeinsame Handelspolitik oder aber die Festlegung der für das Funktionieren des Binnenmarkts erforderlichen Wettbewerbsregeln) ist ein Handeln des Bundestages ausgeschlossen oder eingeschränkt. Für die Bereiche des Art. 2 Abs. 1 und Art. 3 AEUV fehlt dem Bundestag jedwede Gesetzgebungszuständigkeit (sog. generelle Sperrwirkung für die Mitgliedstaaten).[72]

Eine sogenannte geteilte Zuständigkeit liegt in den Fällen des Art. 2 Abs. 2 u. 4 AEUV vor. Dem Bundestag kommt eine Gesetzgebungszuständigkeit zu, wenn und soweit die EU von ihrer Zuständigkeit keinen Gebrauch gemacht hat; vergleichbar ist dies mit der Regelung zur konkurrierenden Gesetzgebungskompetenz nach Art. 72 Abs. 1 GG.[73] Im Falle des Tätigwerdens der EU löst dies eine „primärrechtliche Sperrwirkung" aus.[74] Dem Bundestag bleibt nach diesem Mechanismus zwar grundsätzlich die Befugnis, auf den in Art. 4 AEUV genannten Kompetenzfeldern tätig zu werden, aber stets unter dem Vorbehalt, dass die EU nicht von ihrer Kompetenz Gebrauch macht und Legislativakte des Bundestages so außer Anwendung bringt.

---

72 *Streinz*, in: Streinz (Hrsg.): EUV/AEUV, 2. Aufl. 2012, Art. 2 AEUV, Rn. 5.
73 *Kloepfer*, Verfassungsrecht, Bd. 1, 2011, § 41 Rn. 58.
74 *Oppermann/Classen/Nettesheim*, Europarecht, 6. Aufl. 2014, § 11 Rn. 15.

b) Gesetzgebungspflicht mit eingeschränktem Entscheidungsspielraum

Macht der europäische Gesetzgeber von seiner Regelungskompetenz Gebrauch, bleibt dem mitgliedstaatlichen Gesetzgeber dem Grunde nach also kein Spielraum für gesetzgeberisches Handeln. Ein solcher Spielraum aber kann durch die europäische Gesetzgebung dann selbst wieder eingeräumt werden. Entscheidet sich der europäische Gesetzgeber für eine Regelung in Form der Richtlinie nach Art. 288 Abs. 3 AEUV, gibt er also nur Ziele vor, so überträgt er dabei die Art und Weise der Durchführung den jeweiligen Mitgliedstaaten, denen dabei ein Handlungsspielraum eingeräumt wird, dass ihnen die Art und Weise der Umsetzung freigestellt wird, solange sie die Ziele und Vorgaben der Richtlinie erreichen.[75] Allerdings kann er – und in der Praxis macht der EU-Gesetzgeber davon starken Gebrauch – auch spezifische Vorgaben hinsichtlich Form und Mittel machen, so dass auch dieser Spielraum der Mitgliedstaaten stark begrenzt ist.[76]

4. Völkerrechtliche Verträge

Vorgaben für den Gesetzgeber können sich ferner aus völkerrechtlichen Verpflichtungen ergeben. Anders als bei europarechtlichen Vorgaben allerdings kann der Gesetzgeber hier über die Übernahme in das deutsche Recht nicht nur abstrakt entscheiden, sondern jeweils konkret.

Die Legislative hat in diesem Bereich gemäß Art. 59 Abs. 2 Satz 1 GG lediglich ein binäres Zustimmungs- oder Ablehnungsrecht.[77] Ein Initiativrecht bleibt ihr versagt.[78] Dem Parlament steht kein Recht zu, auf die

---

75 *Streinz*, in: Streinz (Hrsg.): EUV/AEUV, 2. Aufl. 2012, Art. 288 AEUV, Rn. 66, 68.

76 *Oppermann/Classen/Nettesheim*, Europarecht, 6. Aufl. 2014, § 9 Rn. 83.

77 *Streinz*, in: Sachs (Hrsg.): GG, 7. Aufl. 2014, Art. 59 Rn. 51; *Kloepfer*, Verfassungsrecht, Bd. 1, 2011, § 18 Rn. 289.

78 BVerfGE 90, 286 (358); *Kloepfer*, Verfassungsrecht, Bd. 1, 2011, § 18 Rn. 288; a.A. *Wolfrum*, Kontrolle der auswärtigen Gewalt, VVDStRL 56 (1997), S. 38 (48 ff.), u. *Kretschmer*, in: Letzgus (Hrsg.): Für Recht und Staat – Festschrift für Herbert Helmrich zum 60. Geburtstag, 1994, S. 537 (537 ff.), die ein Initiativrecht nach Art. 76 Abs. 1 GG befürworten.

Art der Verhandlung einzuwirken (Aufnahme, Unterlassen oder Abbruch der Verhandlung), eine bestimmte inhaltliche Gestaltung des Vertrages zu erzwingen oder gar Änderungen vorzunehmen.[79] Die Zustimmung kann daher nur en bloc erfolgen, es besteht ein sogenanntes Bepackungsverbot (vgl. § 82 Abs. 2 GOBT).[80]

Aktuelle Beispiele hierfür war die Verhandlungen über das Anti-Counterfeiting Trade Agreement (ACTA), das im Jahre 2012 politisch scheiterte, und sind gegenwärtig die über das Transatlantic Trade and Investment Partnership (TTIP).

Einwirkungsmöglichkeiten des Parlaments bestehen nur im Vorfeld und sind zudem informeller Natur. Denn das Grundgesetz weist dem Bundespräsidenten in Art. 59 Abs. 1 Satz 1 GG die völkerrechtliche Vertretung des Bundes zu. Der Wortlaut der Norm könnte zwar bezüglich völkerrechtlicher Verträge des Bundes[81] auch so und damit noch weitergehend verstanden werden, dass dem Bundespräsidenten die Initiative und die Gestaltung dieser Verträge zukäme; allgemein wird allerdings die Bedeutung der Norm auf die (Außen-)Vertretung der Bundesrepublik Deutschland beschränkt.[82] Für die Initiative und die Gestaltung der völkerrechtlichen Verträge ist maßgeblich die Bundesregierung zuständig, da sie die „außenpolitische Leitungsaufgabe“ hat.[83] Die inhaltliche Aushandlung völkerrechtlicher Verträge liegt ausschließlich bei der Exekutive.[84]

---

79 BVerfGE 68, 1 (85 f.); *Streinz*, in: Sachs (Hrsg.): GG, 7. Aufl. 2014, Art. 59 Rn. 51; *Kloepfer*, Verfassungsrecht, Bd. 1, 2011, § 18 Rn. 289.

80 *Streinz*, in: Sachs (Hrsg.): GG, 7. Aufl. 2014, Art. 59 Rn. 51.

81 Soweit es um Verträge geht, welche die Länder gemäß Art. 32 Abs. 3 GG mit auswärtigen Staaten schließen können, werden diese nicht von den Bundesorganen, sondern von den jeweiligen nach deren Verfassung hierfür berufenen Landesorganen abgeschlossen. (z.B. Ministerpräsident des Landes Bayern, Art. 47 Abs. 3, 72 Abs. 2 BayVerf; Regierender Bürgermeister, Art. 58 Abs. 1 Satz 1, 50 Abs. 1 Satz 4 BerVerf; eine Übersicht hierzu bei *Schweitzer*, Staatsrecht III, 10. Aufl. 2010, § 3 Rn. 141).

82 *Kloepfer*, Verfassungsrecht, Bd. 1, 2011, § 17 Rn. 103 f.; *Streinz*, in: Sachs (Hrsg.): GG, 7. Aufl. 2014, Art. 59 Rn. 14.

83 *Kloepfer*, Verfassungsrecht, Bd. 1, 2011, § 18 Rn. 280. – Allerdings bedarf die Bundesregierung hierfür einer Vollmacht des Bundespräsidenten; speziell für Verhandlungen bedarf es einer gesonderten Verhandlungsvollmacht (*Streinz*, in: Sachs (Hrsg.): GG, 7. Aufl. 2014, Art. 59 Rn. 14).

84 *Kloepfer*, Verfassungsrecht, Bd. 1, 2011, § 18 Rn. 288.

V. Konzertierte Gesetzgebung

Das Ratifizierungs- oder Umsetzungsgesetz ist dann Teil einer international abgestimmten, „konzertierten“ Gesetzgebung. Vielfach ist das Handeln des Gesetzgebers in Mehrebenensystemen aber auch durch andere Gesetzgeber und Akteure determiniert, ohne dass diese ihm übergeordnet wären. Im Völkerrecht kommt dies vor, vor allem aber im Rahmen des kooperativen Föderalismus[85] wird eine Erscheinung diskutiert, die man als Parallelgesetzgebung,[86] Synchrongesetzgebung[87] oder Simultangesetzgebung[88] bezeichnet.

Der Sprachgebrauch ist uneinheitlich und hinsichtlich der Bedeutungsnuancen auch nicht zu vereinheitlichen. Während „Parallelgesetzgebung“ die inhaltliche Parallelität von Normen allgemein und damit in gewisser Weise als Oberbegriff beschreibt, betont „Synchrongesetzgebung“ das Orchestrierte der Normsetzung, während „Simultangesetzgebung“ ein zeitliches Element in den Vordergrund stellt. – In betriebswirtschaftlicher Terminologie würde man hier von „Shared Services“[89] sprechen.

1. Synchrongesetzgebung. Simultangesetzgebung

Die synchronisierte Gesetzgebung als ein Unterfall der konzertierten Gesetzgebung ist dadurch gekennzeichnet, dass der Inhalt der Gesetzgebung mehrerer Gesetzgeber rechtlich, wenngleich vielleicht nicht erzwingbar, vorgegeben ist. Erfolgt die synchrone Gesetzgebung in ei-

---

85 *Kloepfer*, Verfassungsrecht, Bd. 1, 2011, § 21 Rn. 161; *Morlok*, Informalisierung und Entparlamentarisierung politischer Entscheidungen als Gefährdungen der Verfassung?, VVDStRL 62 (2003), S. 37 (42 f.), der einen kooperativen Verfassungsstaat annimmt, wenn politische Ziele durch Absprachen verfolgt werden.

86 *Grawert*, Verwaltungsabkommen zwischen Bund und Ländern in der Bundesrepublik Deutschland, 1967, S. 198; *Kloepfer*, Verfassungsrecht, Bd. 1, 2011, § 9 Rn. 76.

87 *v. Lewinski*, in: Franzius et al. (Hrsg.): Beharren. Bewegen. – Festschrift für Michael Kloepfer zum 70. Geburtstag, 2013, S. 793 (806).

88 *Kloepfer*, Verfassungsrecht, Bd. 1, 2011, § 21 Rn. 161 *v. Lewinski*, in: Franzius et al. (Hrsg.): Beharren. Bewegen. – Festschrift für Michael Kloepfer zum 70. Geburtstag, 2013, S. 793 (806).

89 Gabler Wirtschaftslexikon, 17. Aufl. 2010, Bd. P–Sk, Art. „Shared Services“, S. 2714 f.

nem engen zeitlichen Rahmen, kann man auch von Simultangesetzgebung sprechen.

Das klassische Beispiel für eine Synchrongesetzgebung sind die koordinierenden Staatsverträge zwischen den Bundesländern, mit denen in einem Bereich bundesweit einheitliches Recht geschaffen werden kann, für die dem Bund die Gesetzgebungskompetenz fehlt.

Beispiele hierfür sind am prominentesten sicherlich das Rundfunkrecht mit dem Rundfunkstaatsvertrag (RStV) und weiteren Staatsverträgen, insbesondere zur Rundfunkfinanzierung. Staatsverträge finden sich aber auch zum Glücksspiel (GlüStV). In der Vergangenheit hatten die Bundesländer mit den Mitteln des Staatsvertrags auch die Regulierung des Internets (in Deutschland) an sich zu ziehen versucht (Btx-StV und MDStV).

Der Formulierungs- und Entscheidungsprozess von Staatsverträgen entspricht denjenigen bei völkerrechtlichen Verträgen (s.o. IV.4.). Hier wie dort gibt es eine Verschiebung von den Parlamenten zu den Regierungen und Ministerialverwaltungen.[90] Sie entsprechen im deutschen Staatssystem einer föderalen Tradition der gouvernementalen Repräsentanz,[91] wie sie nicht zuletzt in der Institution des Bundesrates zum Ausdruck kommt.

Allerdings gibt es keine (erzwingbare) Bindung des Landesparlaments durch eine Vorfestlegungen der Landesregierung in den Verhandlungen.[92] Ein Beispiel hierfür war die Ablehnung des 14. RÄndStV durch den nordrhein-westfälischen Landtag.[93]

2. Koordinierte Gesetzgebung

Die koordinierte Gesetzgebung funktioniert ohne eine formale (staatsvertragliche oder völkerrechtliche) Bindung, wohl aber durch eine bi- oder multilaterale Verabredung, üblicherweise zwischen Exekutiven.

---

90 *Zippelius/Würtenberger*, Deutsches Staatsrecht, 32. Aufl. 2008, § 14 Rn. 68.

91 *Jestaedt*, Bundesstaat als Verfassungsprinzip, in: Isensee/Kirchhof (Hrsg.): Handbuch des Staatsrechts, Bd. 2, 3. Aufl. 2004, § 29 Rn. 5, im Anschluss an *Holste*, Der deutsche Bundesstaat im Wandel (1867–1933), 2002, S. 545.

92 BVerfGE 45, 400 (421).

93 Dazu *Knothe*, Störfall im Föderalismus, ZRP 2011, S. 78 (78 ff.).

So werden in Deutschland etwa Landesregelungen durch ministerielle Absprachen (sog. Ministerkonferenzen) bundeseinheitlich angeglichen und enggeführt. Es findet eine „Gleichschaltung“[94] statt, da in diesen Bereichen die Ministerialverwaltung der Länder die Landesgesetzgebung determiniert und auch ersetzt. Ähnlich wirken Verwaltungsabkommen, die auf die Gegenstände der Gesetzgebung gerichtet sind.[95] Sie werden ohne jede Beteiligung der Parlamente abgeschlossen, haben aber als inner- bzw. interexekutive Vereinbarungen keine Außenwirkung und können (das jeweilige Gesetzes-)Recht nicht überspielen.

Dies wird als „administrativer Föderalismus“[96] bezeichnet und kann über Sachzwänge zu einer faktischen Einschränkung des Landesgesetzgebers führen.[97] Ein Verbot solcher Koordinierung der Gesetzgebung der Länder gibt es nicht,[98] weil die rechtliche Möglichkeit (zu Abweichung oder Verweigerung) der Legislative unbenommen bleibt.

a) Verweisung auf externe Normwerke

Ebenfalls eine Art des Zugriffs auf externen Sachverstand ist der Verweis auf externe Normwerke.[99] Sie ist recht unproblematisch. Denn er beruht auf einer autonomen Entscheidung des nachlaufenden Normgebers. Dabei ist der Grund regelmäßig nicht bloße Schreibfaulheit, sondern meist der Wunsch nach einer (verbandsübergreifenden) Einheitlichkeit (s.o. vor V.1.).

---

94 *Zippelius/Würtenberger*, Deutsches Staatsrecht, 32. Aufl. 2008, § 14 Rn. 69 (auch im Original in Anführungszeichen).

95 *Grawert*, Verwaltungsabkommen zwischen Bund und Ländern in der Bundesrepublik Deutschland, 1967, S. 198 (dort als „paktierte Gesetzgebung“ bezeichnet).

96 *Zippelius/Würtenberger*, Deutsches Staatsrecht, 32. Aufl. 2008, § 14 Rn. 71.

97 BVerfGE 45, 400 (421).

98 Ausdrücklich *Zippelius/Würtenberger*, Deutsches Staatsrecht, 32. Aufl. 2008, § 14 Rn. 64.

99 Hierzu *Engert*, Private Normsetzungsmacht: Die Standardisierung von Regelungen im Markt als Form der Fremdbestimmung, RW 2014, S. 301 (301 ff.).

b) Musterentwürfe

Ein spezielles Instrument sind in diesem Zusammenhang Musterentwürfe, die üblicherweise im Bereich der Exekutive(n) verfasst werden. Gefasste Beschlüsse auf diesem Wege können nur einstimmig wieder geändert werden.[100]

Ein Beispiel ist der Musterentwurf eines einheitlichen Polizeigesetzes des Bundes und der Länder v. 1976. Das in Schrifttum und Ausbildung bekannte (Muster-)Landespressegesetz stammt allerdings nicht aus dem ministeriellen Bereich; die große Ähnlichkeit der presserechtlichen Regelungen in den Ländern ergibt sich aus der immer noch prägenden Wirkung des Reichspressegesetzes und dem politischen Willen zur parallelen Regelung.[101] Auf internationaler Ebene ist das Institut international pour l'unification du droit privé (UNIDROIT) in Rom zu nennen, dass vornehmlich auf dem Gebiet des Handels- und Zivilrechts Musterregelungen erarbeitet.[102]

c) Faktische Vorbildwirkung

Oft werden Regelungen (meist) vom Bund vorgegeben und von den Ländern (nur noch) übernommen. Ausgangspunkt ist dann ein vollständig ausformuliertes Gesetz, das inhaltlich von anderen (Landes-)Gesetzen – oft auch hinsichtlich der Nummerierung – kopiert und bestenfalls um landesrechtliche Besonderheiten ergänzt wird.[103] Man kann folgende Formen der Übernahme unterscheiden:

- Verweisungsgesetze: Ein Landesgesetz verweist auf Bundesgesetz und ergänzt dieses um landesrechtliche Besonderheiten

---

100 *Kloepfer*, Verfassungsrecht, Bd. 1, 2011, § 21 Rn. 161.

101 *Wittreck*, in: Ehlers/Fehling/Pünder (Hrsg.): Besonderes Verwaltungsrecht, Bd. 2, 3. Aufl. 2013, § 60 Rn. 31.

102 Überblick bei *Blum*, Wege zu besserer Gesetzgebung – sachverständige Beratung, Begründung, Folgeabschätzung und Wirkungskontrolle. Gutachten, Verhandlungen des 65. DJT, Bd. 1, 2004, I 1 (I 96 ff.).

103 *Maurer*, Allgemeines Verwaltungsrecht, 18. Aufl. 2011, § 5 Rn. 18; *Schulz/Tischer*, Verweisungen im Verwaltungsverfahrensrecht und ihre Reichweite im Kontext neuer Verordnungsermächtigungen, NVwZ 2014, S. 1049 (1049); *Klappstein/v. Unruh*, Rechtsstaatliche Verwaltung durch Gesetzgebung, 1987, S. 137 (zu den Verwaltungsverfahrensgesetzen).

(Einleitungs-, Abschlussvorschriften, zusätzliche Regelungen); die Verweisung kann dynamisch (Bezug auf jeweils geltende Fassung) oder statisch (Bezug auf bestimmte Fassung) erfolgen.[104]

- Integrationsgesetz: Die gesetzlichen Vorschriften werden in ein umfassendes Landesgesetz integriert.[105]

d) Möglichkeit der Abweichungsgesetzgebung

Art. 72 Abs. 3 GG räumt den Ländern auf bestimmten Gebieten das Recht auf Abweichungsgesetzgebung ein; dieses neuartige, dem Grundgesetz bisher unbekannte Konstrukt löste die Rahmengesetzgebung ab.

Der Bund erlässt demnach eine Vorschrift auf den Gebieten des Art. 72 Abs. 3 GG, welche in den Ländern nach Ablauf der Sechsmonatsfrist des Art. 72 Abs. 2 Satz 2 GG seine Wirkung entfaltet. Den Ländern ist es nun überlassen, ob sie von der Regelung des Bundes durch ein eigenes Gesetz abweichen wollen.

Obwohl den Ländern dieses Recht zur Abweichung eingeräumt wird, besteht doch eine faktische Bindung an das Bundesrecht, da sich die Länder aufgrund des hohen Aufwands, der mit der Erstellung eines neuen und eigenen Gesetzentwurfs einhergeht, meist dafür entscheiden, der bundesrechtlichen Regelung zu folgen; vor allem gilt dies für kleinere Bundesländer.

Eine Durchsicht der abweichenden Landesregelungen[106] zeigt zudem, dass die Bundesländer überwiegend nur von einzelnen Vorschriften

---

104 *Schulz/Tischer*, Verweisungen im Verwaltungsverfahrensrecht und ihre Reichweite im Kontext neuer Verordnungsermächtigungen, NVwZ 2014, S. 1049 (1049).

105 *Klappstein/v. Unruh*, Rechtsstaatliche Verwaltung durch Gesetzgebung, 1987, S. 136 f. (zum schleswig-holsteinischen Landesverwaltungsgesetz (LVwG)); *Schulz/Tischer*, Verweisungen im Verwaltungsverfahrensrecht und ihre Reichweite im Kontext neuer Verordnungsermächtigungen, NVwZ 2014, S. 1049 (1049).

abweichen und keinen geschlossenen eigenen (Gegen-)Entwurf umsetzen.

Vergleichbares gilt für all diejenigen Regelungsmaterien, die im Zuge der Föderalismusreform I v. 2006 von der konkurrierenden Zuständigkeit des Bundes in die Zuständigkeit der Länder übergegangen sind. Für diese gilt nach Art. 125a Abs. 1 Satz 1 GG, dass das erlassene Bundesrecht solange fortgilt, bis das jeweilige Land es ersetzt hat. Auch hier erweist sich, dass viele Bundesländer sich für die Fortgeltung entscheiden, da der Erlass eines neuen Gesetzes mit sehr hohem Aufwand verbunden ist.

Ein Blick etwa auf das Versammlungsrecht zeigt, dass die Länder nur sehr zurückhaltend von ihren neuen Befugnissen Gebrauch machen. So haben – soweit ersichtlich – bislang nur vier Bundeländer ein eigenes Versammlungsgesetz erlassen (Bayern, Niedersachen, Sachsen, Sachsen-Anhalt) und zwei Bundesländer einen Teilbereich des Versammlungsrechts geregelt (Berlin[107], Brandenburg[108]).

3. Zwischenergebnis: Zahlreiche faktische Bindungen

Auch über die rechtlich bindenden Vorgaben übergeordneter Normenebenen hinaus gibt es in der Praxis viele Formen faktischer und fachlicher Bindung. Insbesondere ist die Exekutive in der überkommenen exekutiv geprägten Länderstaatlichkeit hier in einer starken Position gegenüber der legisfaktorisch wenig geübten und deshalb schwachen Legislative.

---

106 Diese Änderungen sind lediglich in den juristischen Fachdatenbanken nachgewiesen und ergeben sich ansonsten aus dem Vergleich der Bundes- und Landesregeln im Einzelfall.

107 Gesetz über Aufnahmen und Aufzeichnungen von Bild und Ton bei Versammlungen unter freiem Himmel und Aufzügen v. 23.4.2013 (GVBl. S. 103).

108 Gräberstätten-Versammlungsgesetz – GräbVersammlG v. 26.10.2006 (GVBl. I S. 114).

VI. Ergebnis: Vielfältige legisfaktorische Arbeitsteilungen

Der vorstehende Überblick zeigt, dass der Gesetzgeber auch als Repräsentant des Souveräns gesetzgeberische Entscheidungen nicht einsam und alleine trifft. Jedenfalls auf der legisfaktorisch-technischen Ebene herrschen seit jeher Arbeitsteilung und Delegation. Gerade in Mehrebenensystemen werden Normen oftmals inhaltlich vorgegeben.

C. Verfassungsrechtliche Fragestellungen

Der eigentliche Gesetzgeber ist also in vielen Konstellationen und in der legisfaktorischen Praxis nicht der geistige Vater dessen, was später im Gesetzblatt verkündet wird. Ein Gesetzgeber, der zwar formal das Gesetz gibt, das ihm aber ein anderer (vor-)gegeben hat, ist offensichtlich eine nicht unproblematische Konstellation.

I. Vorteile

Für die Einschaltung Dritter in die Gesetzgebung sprechen durchaus Vorteile, jedenfalls partielle – dies belegt schon die Existenz gesetzgeberischer Zuarbeit.

Zunächst einmal ist die Einschaltung Dritter in die Normsetzung ein Mittel, mit Kapazitätsproblemen in Ministerien umzugehen;[109] sie kann also als personalwirtschaftliche Maßnahme begriffen werden. Auch kann so das Normsetzungsverfahren beschleunigt werden, insbesondere wenn die politische Auseinandersetzung aus dem politischen Raum in einen anderen Rationalitäten folgenden Expertenkreis verlegt wird. Ferner ist die Aushandlung von Kompromissen – je nach Situation – unmittelbar mit den Betroffenen oder auch ohne diese oft einfacher, weil „störende" politische Einflüsse entweder integriert oder aber ausgeblendet werden können.[110] Gerade diese Fokussierung kann die Durchsetzung und in manchen Fällen die Akzeptanz des Rechts fördern und dadurch bei der Befriedung von Konflikten helfen.

---

109 *Kloepfer*, Gesetzgebungsoutsourcing – Die Erstellung von Gesetzentwürfen durch Rechtsanwälte, NJW 2011, S. 131 (133).

110 Vgl. *Kloepfer*, Möglichkeiten und Grenzen paktierter Gesetzgebung am Beispiel des Atomrechts, ZG 2010, S. 346 (353).

II. Nachteile und Probleme

Diese Vorteile haben freilich jeweils auch ihre Kehrseite(n).

1. Verlust von Fähigkeiten beim Gesetzgeber

Gegen einen Einsatz externer Gesetzesverfasser und -hilfskräfte sowie die bloße Umsetzung und Übernahme externer Vorgaben scheint auf den ersten Blick nichts einzuwenden zu sein, wenn man ihn nur als punktuelles Mittel zur Vergrößerung der personalwirtschaftlichen Flexibilität betrachtet. Kritik mag man deshalb als berufsmäßige Nörgelei der Personalvertretung abtun.

Allerdings zeigt sich spätestens ab einer Betrachtung von der Mesoebene aus eine gewisse Berechtigung der Kritik. Denn wenn der Normgeber nicht nur punktuell, sondern strukturell die Fähigkeit zur selbständigen Normsetzung verliert, vielleicht zunächst nur in bestimmten Bereichen, ist das ein Souveränitätsverlust. Gerade beim Outsourcing über einen längeren Zeitraum verliert der Outsourcinggeber wichtige Fähigkeiten.[111]

2. Verzeichnung der demokratischen Willensbildung

Das offensichtliche Problem der Beteiligung Dritter an der Gesetzgebung ist aber die Möglichkeit der Einflussnahme außerhalb demokratischer Legitimationszusammenhänge.[112] Neben fehlender Transparenz besteht die Gefahr der übermäßigen Berücksichtigung von Partikularinteressen.[113] Hierin kann dann ein Verstoß gegen das Gebot gleicher Gestaltungschancen liegen. Es besteht zudem die Gefahr von „Verein-

111 *Kloepfer*, Möglichkeiten und Grenzen paktierter Gesetzgebung am Beispiel des Atomrechts, ZG 2010, S. 346 (353 f.); *ders.*, Gesetzgebungsoutsourcing – Die Erstellung von Gesetzentwürfen durch Rechtsanwälte, NJW 2011, S. 131 (133).

112 Umfassend aus politikwissenschaftlicher Sicht *Priddat*, Politik unter Einfluss, 2009.

113 *Kloepfer*, Gesetzgebungsoutsourcing – Die Erstellung von Gesetzentwürfen durch Rechtsanwälte, NJW 2011, S. 131 (132 f.).

barungen zu Lasten Dritte". Dem korrespondiert eine Entparlamentarisierung.[114] Statt einer Parlamentsdebatte finden nur Gespräche im Vorfeld statt, wenn auch nicht notwendigerweise im Verborgenen. Dies alles kann zu Akzeptanzproblemen und zur Befangenheit des Normadressaten führen.[115]

III. Verfassungsrechtliche Grenzen

Die Probleme und ein Unbehagen würden an sich lediglich einen Grund für eine (verfassungs-)politische Debatte geben. Sie gewinnen allerdings eine andere juristische Qualität, wenn sie auch mit Vorgaben der Verfassung in Konflikt treten. Reibungspunkte gibt es im Verfassungsrecht einige, denn schließlich ist es eine wesentliche Funktion der Verfassung, die Rechtsetzung zu normieren.

1. Wirtschaftlichkeits- und Sparsamkeitsgebot

In einem ökonomischen Kontext (und angesichts der beträchtlichen Honorare hochqualifizierter Rechtsanwälte) kommen zunächst die Kosten in den Blick. Es erschließt sich nicht unmittelbar, warum der Staat sich eine Ministerialbürokratie leistet und gleichwohl nebenbei teure Anwälte zur Vorbereitung von Gesetzesvorhaben bezahlen muss. – Ins Rechtliche übersetzt könnte dies einen Verstoß gegen das Sparsamkeits- und Wirtschaftlichkeitsprinzip (vgl. Art. 114 Abs. 2 Satz 1 GG) bedeuten.

Was auf den ersten Blick also nach einer Vergeudung von Steuermitteln aussieht, ist auf den zweiten aber möglicherweise gerade eine wirtschaftliche Maßnahme. Denn – wie oben (vor B.III.6.b)) bereits

---

114 *Langenfeld*, Die rechtlichen Rahmenbedingungen für einen Ausstieg aus der friedlichen Nutzung der Kernenergie, DÖV 2000, S. 929 (938); *Kloepfer*, Rechtsfragen zur geordneten Beendigung gewerblicher Kernenergienutzung in Deutschland, DVBl. 2007, S. 1189 (1192).

115 *Kloepfer*, Möglichkeiten und Grenzen paktierter Gesetzgebung am Beispiel des Atomrechts, ZG 2010, S. 346 (352).

angedeutet – ist das Vor- und Unterhalten einer Ministerialbürokratie in Maximalstärke gerade wegen der geringen Flexibilität des Öffentlichen Dienst- und Haushaltsrechts nicht immer wirtschaftlich.[116] Das Zukaufen von legistischem Input, externer Hilfestellung oder auch das Abkupfern fremder Regelungen kann also durchaus die günstigere Variante sein.

2. Funktionsvorbehalt für den Öffentlichen Dienst

Dagegen könnte man die Beteiligung Privater bei der Normsetzung – eine erkennbar staatliche Kernaufgabe – für problematisch halten, weil nach Art. 33 Abs. 4 GG hoheitsrechtliche Befugnisse (ständige) Aufgabe des Öffentlichen Dienstes sind (Funktionsvorbehalt für Beamte).[117] Zwar zielt der Funktionsvorbehalt vornehmlich auf Vollzugsaufgaben der Eingriffsverwaltung, was der Gesetzentwurf augenscheinlich nicht ist. Doch scheint es angemessen, auch gesetzesvorbereitende Akte (der Regierung) insoweit dem Öffentlichen Dienst vorzubehalten.

Allerdings muss die externe Erarbeitung von Entwürfen kein Widerspruch zu Art. 33 Abs. 4 GG sein: Der Entwurf muss als von Staatsbediensteten, letztlich aber jedenfalls den Regierungsmitgliedern, intellektuell erfasst werden können.[118] Die eigentliche rechtsetzende Staatstätigkeit ist nicht das Verfassen von Entwurfstexten, sondern deren Übernahme in das Gesetzgebungsverfahren.

---

116 Vgl. *Däke*, Gesetzgebungsoutsourcing – Bereicherung oder Verschwendung?, in: Kloepfer (Hrsg.): Gesetzgebungsoutsourcing, 2011, S. 19 (20 ff.); *Rossi,* Erscheinungsformen nichtstaatlicher Einflüsse auf die staatliche Gesetzgebung, in: Kloepfer (Hrsg.): Gesetzgebungsoutsourcing, 2011, S. 25 (70 f.).

117 *Krüper*, Lawfirm – legibus solutus?, JZ 2010, S. 655 (655 f.); *Filges*, Gesetzgebungsoutsourcing – ein neues Berufsfeld für Rechtsanwälte?, in: Kloepfer (Hrsg.): Gesetzgebungsoutsourcing, 2011, S. 95 (101).

118 Vgl. *Filges*, Gesetzgebungsoutsourcing – ein neues Berufsfeld für Rechtsanwälte?, in: Kloepfer (Hrsg.): Gesetzgebungsoutsourcing, 2011, S. 95 (101 f.).

3. Gesetzgebungsverfahren

Die materiellen Vorgaben für Gesetze ergeben sich nicht nur aus der Kompetenzverteilung (zwischen Bund und Ländern) sowie aus den Grundrechten und aus den Staatsstrukturprinzipien. Stets müssen auch die Verfahrensvorschriften des Grundgesetzes eingehalten werden. Das Gesetzgebungs*verfahren* ist v.a. in den Art. 76 ff. GG geregelt. Die entsprechenden Vorschriften stellen, soweit nicht die Verfassung selbst es zulässt, zwingendes Recht dar. Der Staat darf nur die rechtlich normierten Instrumenten nutzen und kann sich nicht irgendeiner Form bedienen. Denn nur durch die bestimmten Formen wirkt staatliches Handeln zweckgerecht, ist berechenbar, vorhersehbar und transparent; durch willkürlichen Formgebrauch wird das Verfahrensrecht abgewertet, die Gewaltenteilung geschwächt und die Verantwortung verlagert.[119]

a) Formbindung

Aus einer formalen verfassungsrechtlichen Perspektive kann die Umgehung und damit die Aushebelung des Gesetzgebungsverfahrens bemängelt werden.[120] Denn nach dem Wortlaut des Grundgesetzes spielt der Bundestag die Hauptrolle bei der Gesetzgebung (vgl. Art. 76 Abs. 1, Art. 77 Abs. 1 GG); das Parlament gilt als das zentrale Verfassungsorgan.[121] Die Aufgabe der Normsetzung ist mit Ausnahme des Art. 80 GG und der Satzungsgebung auch nicht delegierbar. Und diese herausgehobene Stellung würde nun durch die Einschaltung Dritter zu-

---

119 *Schorkopf*, Die „vereinbarte" Novellierung des Atomgesetzes, NVwZ 2000, S. 1111 (11124).

120 Z.B. *Kloepfer*, Möglichkeiten und Grenzen paktierter Gesetzgebung am Beispiel des Atomrechts, ZG 2010, S. 346 (351 f.).

121 Der Ausdruck „zentrales Verfassungsorgan" ist keine rechtliche Begrifflichkeit, da nach der Konzeption des Grundgesetzes alle Verfassungsorgane gleichberechtigt sind und es unter diesen keine irgendwie geartete Hierarchie gibt. Gleichwohl nimmt der Bundestag v.a. aus politikwissenschaftlicher Sicht im Demokratiegefüge der Bundesrepublik eine zentrale Stellung ein, da er zum einen das einzige unmittelbar durch Wahl legitimierte Verfassungsorgan ist und zum anderen die Bestellung weiterer Verfassungsorgane (Bundesregierung, Bundesverfassungsgericht und Bundespräsident, nicht aber Bundesrat) nur durch und über ihn erfolgt.

lasten des Parlaments, insbesondere zulasten des Bundestages verschoben.

Allerdings ist mit dem sogenannten inneren Gesetzgebungsverfahren ein wesentlicher Abschnitt der Normproduktion gerade nicht verfassungsrechtlich vorgegeben, sondern überhaupt nur punktuell und unvollständig normiert.[122]

> Regelungen finden sich in den Geschäftsordnungen (insb. § 15 Abs. 1 lit. a–d, § 28 GOBReg, § 22, § 23 GGO). Üblich ist auch eine informelle Vorabklärung mit dem Chef des Bundespräsidialamts über die Einschätzung des Bundespräsidenten hinsichtlich der Verfassungsmäßigkeit eines Gesetzgebungsvorhabens.[123] Innerhalb der (Bundes-)Regierung sind als „Verfassungsministerien" das Innen- und Justizministerium neben dem federführenden Ressort beteiligt; insbesondere liegt die Prüfung der Rechtsförmlichkeit und Rechtssystematik beim Justizministerium (§ 43 Abs. 1 GGO).[124]

b) Initiativrecht

Allerdings ist nach Art. 76 Abs. 1 GG das Initiativrecht auf drei Verfassungsorgane beschränkt; auf Landesebene gibt es ähnlich enumerative Aufzählungen. Das Initiativrecht umfasst das „Ob" des Einbringens eines Entwurfes und das „Wie" des Entwurfes (Frage des Inhalts).[125] Es ist grundsätzlich nicht delegierbar oder nicht übertragbar.[126]

---

122 *Risse*, Verfassungsrechtliche und politische Grenzen des Gesetzgebungsoutsourcing, in: Kloepfer (Hrsg.): Gesetzgebungsoutsourcing, 2011, S. 109 (113). – Zu einem solchen Gesetzgebungsverfahrensrecht *Blum*, Wege zu besserer Gesetzgebung – sachverständige Beratung, Begründung, Folgeabschätzung und Wirkungskontrolle. Gutachten, Verhandlungen des 65. DJT, Bd. 1, 2004, I 1 (I 29 ff.). – Eine umfassende Normierung des Inneren Gesetzgebungsverfahrens ist wohl praktisch auch nicht möglich, weil sich mit dem Maße der Formalisierung Entscheidungs- und Aushandlungsprozesse dann in dessen Vorfeld verlagern.

123 *v. Lewinski*, in: Kahl/Waldhoff/Walter (Hrsg.): Bonner Kommentar zum Grundgesetz, Stand: 162. Erg.-Lfg. (2013), Art. 82 Rn. 172.

124 *Schulze-Fielitz*, Wege, Umwege oder Holzwege zu besserer Gesetzgebung, JZ 2004, S. 862 (864); *Badura*, Staatsrecht, 5. Aufl. 2012, S. 596 Rn. 107.

125 *Risse*, Verfassungsrechtliche und politische Grenzen des Gesetzgebungsoutsourcing, in: Kloepfer (Hrsg.): Gesetzgebungsoutsourcing, 2011, S. 109 (113); *Filges*,

Und durch einen Entwurf wird regelmäßig der Entscheidungsrahmen festgelegt. Das Niedergeschriebene ist Gegenstand einer Diskussion, nicht das Ungeschriebene; es bildet den „Spielplan", so dass dieser über das Schicksal des weiteren Verfahrens bestimmt.[127] Ebenso wirken gesetzeskoordinierende oder -determinierende Vorgaben des Völkerrechts oder aus Staatsverträgen.

Doch ist die externe Erarbeitung von Entwürfen oder eine andere Vorgabe von Norminhalten kein Verstoß gegen Art. 76 Abs. 1 GG. Denn diese Norm regelt nicht das Zustandekommen eines Entwurfes, sondern nur die Frage der Gesetzgebungsinitiative. Wenn die Regierung oder das Parlament sich externe Entwurfstexte zu eigen macht, übernimmt sie damit auch die politische Verantwortung und bringt sie als eigenen Vorschlag ein. Nach dieser intellektuellen Übernahme ist der Entwurf verfassungsrechtlich als einer der nach Art. 76 Abs. 1 GG Initiativberechtigten zu werten.[128]

c) Wesentlichkeitsvorbehalt

Auch wenn die Übernahme externer Vorgaben keinen Verstoß gegen den Verfassungs- oder Gesetzesvorbehalt[129] darstellt, könnte man die Hereinnahme externer Vorgaben oder Entwürfe vor dem Hintergrund

---

Gesetzgebungsoutsourcing – ein neues Berufsfeld für Rechtsanwälte?, in: Kloepfer (Hrsg.): Gesetzgebungsoutsourcing, 2011, S. 95 (100 f.); *Krüper*, Lawfirm – legibus solutus?, JZ 2010, S. 655 (656); *Partmann*, Outsourcing von Gesetzgebungsverfahren – ein bedenkliches Phänomen? in: Schnabl/Scholz (Hrsg.): Aufgeschlossen für Wandel – verankert in gemeinsamen Grundwerten: Demokratie und Wirtschaft in Deutschland und der Europäischen Union, Interdisziplinärer Förder-Kongress 14. bis 15. Juni 2012, S. 151 ff.

126 *Grawert*, Verwaltungsabkommen zwischen Bund und Ländern in der Bundesrepublik Deutschland, 1967, S. 199 ff.

127 *Filges*, Gesetzgebungsoutsourcing – ein neues Berufsfeld für Rechtsanwälte?, in: Kloepfer (Hrsg.): Gesetzgebungsoutsourcing, 2011, S. 95 (100).

128 *Risse*, Verfassungsrechtliche und politische Grenzen des Gesetzgebungsoutsourcing, in: Kloepfer (Hrsg.): Gesetzgebungsoutsourcing, 2011, S. 109 (114).

129 Hierzu *Kloepfer*, Rechtsfragen zur geordneten Beendigung gewerblicher Kernenergienutzung in Deutschland, DVBl. 2007, S. 1189 (1192).

der Wesentlichkeitslehre[130] und bzw. des Wesentlichkeitsvorbehalts problematisieren. Denn wenn wesentliche Inhalte einer werdenden Gesetzgebung von Dritten oder einer anderen Normebene kommen, könnte das eine so wesentliche Abweichung vom regulären Verfahren darstellen, dass hierfür eine ausdrücklich (Ausnahme-)Regelung vorgesehen sein muss.

Allerdings macht das Grundgesetz – wie dargestellt – an keiner Stelle Vorgaben für die externe oder interne Normerstellung. Es beschränkt sich darauf, den Beschluss über Normen zu regeln. Hierin besteht also aus seiner Sicht das Wesentliche. Diese verfassungstextliche Wertung ist auch sachgerecht, da der Schlusspunkt und damit die wesentliche Entscheidung über das geltende Recht bei den hierfür verfassungsrechtlich vorgesehenen Akteuren verbleibt. Solange die externen Vorgaben rechtlich unverbindlich bleiben, ist keine ausdrückliche Ermächtigung erforderlich.

d) Verfassungsorgantreue

Schließlich könnte man die Übernahme externer Entwürfe oder Vorgaben als einen Verstoß gegen die Verfassungsorgantreue begreifen. Die Verfassungsorgantreue bedeutet die gegenseitige Rücknahme und die Respektierung des jeweiligen Funktionsbereichs, den die Verfassungsorgane in eigener Verantwortung wahrnehmen.[131]

Solange aber die an der Gesetzgebung beteiligten Verfassungsorgane sich in jeweils (nur) ihrer Sphäre textlich oder inhaltlich zuarbeiten lassen, stellt dies kein Problem dar. Kritisch würde es erst bei einer Bindung der anderen Verfassungsorgane.[132]

---

130 Zur irreführenden Bezeichnung als „Wesentlichkeits*theorie*" *Ossenbühl*, Vorrang und Vorbehalt des Gesetzes, in: Isensee/Kirchhof (Hrsg.): Handbuch des Staatsrechts, Bd. 5, 3. Aufl. 2007, § 101 Rn. 52.

131 VerfGH Münster, NVwZ 1994, 678 (679); *Schenke*, Verfassungsorgantreue, 1977, S. 26 ff.

132 *Schorkopf*, Die „vereinbarte" Novellierung des Atomgesetzes, NVwZ 2000, S. 1111 (1113).

4. Demokratieprinzip

Ein Verstoß gegen Art. 20 Abs. 2 GG (Demokratieprinzip) könnte bei einer Umgehung der Verfahren der parlamentarisch-repräsentativen Demokratie liegen, wenn das Parlament als nur noch absegnendes Verfassungsorgan[133] oder „Ratifikationsinstanz"[134] fungieren würde. So darf das Parlament insbesondere nicht zum Erlass bestimmter Gesetzes verpflichtet werden, weil dies der in einer Demokratie notwendigerweise freien Abstimmung widersprechen würde.[135] Dabei kann nicht zuletzt auf die Rechtsprechung des Bundesverfassungsgerichts verwiesen werden, wonach auch das vorbereitende Handeln im staatlichen Binnenbereich demokratisch legitimiert sein muss.[136] Allerdings werden hiervon auch Ausnahmen zugelassen, etwa für konsultative Tätigkeiten[137] oder wenn eine konstruktive Mehrheit demokratisch legitimiert ist.[138]

Solange nur Informationen zur Entscheidungsfindung gegeben werden, besteht keine Gefahr; dies schlägt allerdings um, wenn hierdurch eine kommende Regelung maßgeblich vorstrukturiert wird und so funda-

---

133 *Risse*, Verfassungsrechtliche und politische Grenzen des Gesetzgebungsoutsourcing, in: Kloepfer (Hrsg.): Gesetzgebungsoutsourcing, 2011, S. 109 (113); *Kloepfer*, Gesetzgebungsoutsourcing – Die Erstellung von Gesetzentwürfen durch Rechtsanwälte, NJW 2011, S. 131 (133); *Partmann*, Outsourcing von Gesetzgebungsverfahren – ein bedenkliches Phänomen? in: Schnabl/Scholz (Hrsg.): Aufgeschlossen für Wandel – verankert in gemeinsamen Grundwerten: Demokratie und Wirtschaft in Deutschland und der Europäischen Union, Interdisziplinärer Förder-Kongress 14. bis 15. Juni 2012, S. 151 ff.

134 *Papier*, Lobbyismus und parlamentarische Demokratie, liberal 1/2007, S. 16 (20).

135 BVerfGE 6, 257 (265); *Schorkopf*, Die „vereinbarte" Novellierung des Atomgesetzes, NVwZ 2000, S. 1111 (1113).

136 BVerfGE 6, 257 (265); *Schorkopf*, Die „vereinbarte" Novellierung des Atomgesetzes, NVwZ 2000, S. 1111 (1113).

137 *Böckenförde*, Demokratie als Verfassungsprinzip, in: Isensee/Kirchhof (Hrsg.): Handbuch des Staatsrechts, Bd. 2, 3. Aufl. 2004, § 24 Rn. 13, m. Verweis auf *Brohm*, Sachverständige Beratung des Staates, in Isensee/Kirchhof (Hrsg.): Handbuch des Staatsrechts, Bd. 2, 2. Aufl. 1998, § 36 Rn. 41 ff.

138 Zum Streitstand *Böckenförde*, Demokratie als Verfassungsprinzip, in: Isensee/Kirchhof (Hrsg.): Handbuch des Staatsrechts, Bd. 2, 3. Aufl. 2004, § 24 Rn. 17 ff.

mentale Entscheidungen durch derartige externe Gesetzesverfasser getroffen werden (Problem des Ankereffekts).[139]

> Ein Beispiel für einen solchen Ankereffekts wäre etwa die „Hartz-Gesetzgebung“, bei der die politische Parole der „Umsetzung 1:1“ ausgegeben und welche dann noch damit garniert wurde, dass das Reformwerk nach dem Vorsitzenden der Kommission benannt wurde.

IV. Keine harte verfassungsrechtliche Grenze für Beteiligung Dritter

Die Verfassung schreibt für die Normsetzung nicht mehr als den formellen und verfahrensmäßig korrekten Zustimmungsakt des Gesetz*gebers* vor. Ausgelagerte Gesetzeserstellung ist mit der Verfassung vereinbar, solange der Prozess und das Ergebnis im Gesetzgebungsverfahren nicht rechtlich gebunden sind.[140] Allerdings kann eine faktische Bindung, deren Grad nur schwer zu bemessen ist, einer rechtlichen recht nahekommen. Hier mag es sich deshalb empfehlen, den im Risikorecht verbreiteten Ansatz des Vorfeldschutzes zu wählen.

---

139 *Krüper*, Lawfirm – legibus solutus?, JZ 2010, S. 655 (655); *Risse*, Verfassungsrechtliche und politische Grenzen des Gesetzgebungsoutsourcing, in: Kloepfer (Hrsg.): Gesetzgebungsoutsourcing, 2011, S. 109 (118); *Partmann*, Outsourcing von Gesetzgebungsverfahren – ein bedenkliches Phänomen? in: Schnabl/Scholz (Hrsg.): Aufgeschlossen für Wandel – verankert in gemeinsamen Grundwerten: Demokratie und Wirtschaft in Deutschland und der Europäischen Union, Interdisziplinärer Förder-Kongress 14. bis 15. Juni 2012, 2013, S. 151 ff.; kritisch *Meßerschmidt*, Private Gesetzgebungshelfer – Gesetzgebungsoutsourcing als privatisiertes Regulierungsmanagement in der Kanzleiendemokratie?, Der Staat 51 (2012), S. 387 (405 ff.).

140 *Kloepfer*, Rechtsfragen zur geordneten Beendigung gewerblicher Kernenergienutzung in Deutschland, DVBl. 2007, S. 1189 (1191).

D. Sicherungen und Beschränkungen

Auch wenn also die Mitwirkung Dritter bei der Ab- und Verfassung der Norm als solches keinen Verstoß gegen das Grundgesetz bedeutet, ist doch sicherzustellen, dass der Gesetzgeber das letzte und entscheidende Wort hat. Die repräsentative Demokratie will, dass ihre Vertreter die Steuerungs-, Kontroll- und Korrekturmöglichkeiten behalten. Das mag im Einzelfall durch die beteiligten Verfassungsorgane jeweils sichergestellt werden. Allerdings spricht verfassungspraktisch und verfassungspolitisch nichts dagegen, diese intellektuelle Hoheit des Gesetzgebers über das, was er gibt, verfahrensmäßig und organisatorisch abzusichern.

I. Keine Qualifikationsanforderungen an externe Normverfasser

So wird vereinzelt gefordert, dass externe Normverfasser im Sinne einer Qualifikation Erfahrung in der Formulierung von Gesetzen aufweisen sollten.[141] Das klingt auf den ersten Blick vernünftig, ist aber inhaltlich überzogen und nicht praktikabel. Denn auch an den Gesetzgeber selbst (bzw. seine Mitglieder) werden keine legisfaktorischen Anforderungen gestellt, nicht einmal besondere juristische Kenntnisse setzt man bei Volksvertretern und Regierungsmitgliedern voraus.[142]

Entgegen dem Slogan der Initiative „Law – Made in Germany“,[143] die eher für die vertragliche Vereinbarung deutschen Rechts und eines

---

141 *Kloepfer*, Gesetzgebungsoutsourcing – Die Erstellung von Gesetzentwürfen durch Rechtsanwälte, NJW 2011, S. 131 (134).

142 Allgemein werden verfassungsrechtlich nur geringe formale Qualifikationsanforderungen an Sachverständige, die im Vorfeld der Gesetzgebung tätig sind, gestellt, da sie nur einen begrenzten Einfluss auf die Entscheidungsfindung haben (*Morlok*, Informalisierung und Entparlamentarisierung politischer Entscheidungen als Gefährdungen der Verfassung?, VVDStRL 62 (2003), S. 37 (74 f.)).

143 Zu dieser *Aden*, „Law made in Germany“, ZRP 2012, S. 50 (50); *Wernicke*, „Law – Made in Germany“: Von der Selbstvergewisserung zum rechtspolitischen Ziel der 18. Legislaturperiode, ZRP 2014, S. 34 (34 ff.).

deutschen Gerichtsstands wirbt, muss die Mithilfe bei der deutschen Rechtsetzung auch nicht zwingend aus Deutschland kommen. So wie es keinen Vorbehalt für den Öffentlichen Dienst (s.o. C.III.2.) gibt, gibt es bei der Mitwirkung und Zuarbeit auch keinen Staatsbürgervorbehalt und kein Verbot legisfaktorischen Offshorings.

II. Keine Verpflichtung zu guter Gesetzgebung

In Parallele zum „Recht auf gute Verwaltung" (Art. 41 GRCh) könnte man gesamthaft an eine „Pflicht zur guten Gesetzgebung" denken, vielleicht sogar an ein „Recht zur guten Gesetzgebung".[144] Dabei meint „gute Gesetzgebung" nicht eine bestimmte politische Güte, sondern legistisch-handwerkliche Qualität, was aber auch die Sachangemessenheit einschließt.[145] An einem solchen Maßstab könnte dann externe Zuarbeit oder eine normative Vorgabe von außen gemessen werden.

Allerdings haben sich bislang keine belastbaren und judizierbaren Maßstäbe für „gute Gesetzgebung" gefunden.[146] Zudem stünde ein solcher Ansatz als typisches Instrument einer Output-Orientierung in einem letztlich nur pragmatisch auflösbaren Spannungsverhältnis zur repräsentativen Demokratie, die primär und vornehmlich input-legitimiert ist.

III. Sicherstellung gesetzgeberischer Verantwortungsübernahme

Weniger als auf die Qualität der externen Rechtsquelle noch auf die Qualifikation des externen Zuarbeiters sollte das Augenmerk auf die Fähigkeiten des übernehmenden Gesetzgebers gerichtet werden. So

---

144 Hierzu *Merten*, „Gute" Gesetzgebung als Verfassungspflicht oder Verfahrenslast?, DÖV 2015, S. 349 (349 ff.).

145 Vgl. insg. *Blum*, Wege zu besserer Gesetzgebung – sachverständige Beratung, Begründung, Folgeabschätzung und Wirkungskontrolle. Gutachten, Verhandlungen des 65. DJT, Bd. 1, 2004, I 1 (I 9 ff.).

146 So auch *Risse*, Verfassungsrechtliche und politische Grenzen des Gesetzgebungsoutsourcing, in: Kloepfer (Hrsg.): Gesetzgebungsoutsourcing, 2011, S. 109 (115).

wie in der Betriebswirtschaft das Outsourcing zu einem erhöhten Controlling-Aufwand führt, so führt die Verlagerung der Normformulierung zu einem erhöhten Kontrollbedarf beim Normgeber.[147]

1. Vorgaben für externen Verfasser

Voraussetzung für ein solches legisfaktorisches Controlling ist dabei der Detailgrad der Vorgaben und die Präzision, mit der das gesetzgeberische Ziel beschrieben wird. Der Auftrag- und spätere Gesetzgeber muss spezifische inhaltliche Vorgaben machen und (so) auch die Grenzen des Auftrags aufzeigen. Vor allem ermöglichen erst präzise Vorgaben die Prüfung des externen bzw. extern erstellen Normtexts.

So ist vor einer Übernahme eines Normtexts eine intensive Prüfung geboten.[148] Nur so kann der Primat der Gesetzgebungsorgane im Gesetzgebungsverfahren gewahrt werden.

Auch sind vergaberechtliche Kriterien im Zusammenhang mit dem Outsourcing von Aufgaben der Gesetzgebung immer wieder einmal thematisiert worden.[149] In einem haushaltsrechtlichen Kontext (s.o. C.III.1.) hat dies durchaus seine Berechtigung. Allerdings sind die Fragen der Wirtschaftlichkeit und Sparsamkeit weder in diesem Kontext noch in Bezug auf die Kosten der Normsetzung allgemein ein wesentliches Argument.[150] Gleichwohl darf nicht verkannt werden, dass die Vorgaben und die Kontrolltätigkeit der Rechnungshöfe auch der Sicherung materieller Standards dienen können.

---

147 Deutlich *Voßkuhle*, Sachverständige Beratung des Staates, in: Isensee/Kirchhof (Hrsg.): Handbuch des Staatsrechts, Bd. 3, 3. Aufl. 2005, § 43 Rn. 80 („Achillesferse").

148 *Kloepfer*, Gesetzgebungsoutsourcing – Die Erstellung von Gesetzentwürfen durch Rechtsanwälte, NJW 2011, S. 131 (134).

149 *Leven*, Gesetzgebungsoutsourcing, 2013, S. 127 ff.

150 *Kloepfer*, Gesetzgebungsoutsourcing – Die Erstellung von Gesetzentwürfen durch Rechtsanwälte, NJW 2011, S. 131 (134); ausführlich zu einer vergaberechtlichen Lösung *Leven*, Gesetzgebungsoutsourcing, 2013, S. 127 ff.

2. Ausreichender Sachverstand der Ministerialbürokratie

Wenn sich der Staat im Rahmen von Gesetzesinitiativen externen Sachverstands bedient, dann treffen ihn also Überwachungs- und Beobachtungspflichten. Diesen kann er nur gerecht werden, wenn er selbst ausreichend Sachverstand aufbieten kann, um die externe Arbeit nachzuvollziehen und gegebenenfalls zu korrigieren. Nur so kann die Gemeinwohlverantwortung durch die Gesetzgebungsorgane gewahrt sein.[151]

Der fachliche Sachverstand wird in den meisten Fällen in den Ministerien auch vorhanden sein. Wenn er dies – bei neuen oder sehr abseitigen Fragen – ausnahmsweise nicht ist, kann dies jedenfalls durch ein Verfahren (externe Begutachtung des Gesetzgebungsvorschlags; s.u. D.III.3.c)) sichergestellt werden. Überhaupt sollte deshalb die Übernahme ganzer Gesetze die Ausnahme bleiben.[152]

3. Stärkung des Gesetzgebers

Noch wichtiger (und oft deutlich defizitärer) als in der Ministerialbürokratie sind die fachlichen Kontrollmöglichkeiten im Parlament selbst. Denn hier kristallisiert sich die eigentliche politische Entscheidung.

a) Mandatsträgerbezogene Ausstattung

Bundestagsabgeordnete haben ein monatliches Personalbudget von über 20.000 €, was unter dem Blickwinkel indirekter Parteienfinanzie-

151 *Risse*, Verfassungsrechtliche und politische Grenzen des Gesetzgebungsoutsourcing, in: Kloepfer (Hrsg.): Gesetzgebungsoutsourcing, 2011, S. 109 (119); *Voßkuhle*, Sachverständige Beratung des Staates, in: Isensee/Kirchhof (Hrsg.): Handbuch des Staatsrechts, Bd. 3, 3. Aufl. 2005, § 43 Rn. 53.

152 Vgl. *Kloepfer*, Gesetzgebungsoutsourcing – Die Erstellung von Gesetzentwürfen durch Rechtsanwälte, NJW 2011, S. 131 (134).

rung durchaus auch kritisch gesehen wird.[153] Vor dem Hintergrund eines arbeitsteiligen Normverfassungs- und -setzungsprozesses ist aber eine fachlich-personelle Aufrüstung der Abgeordneten nicht nur wünschenswert, sondern vielleicht sogar notwendig.

Teilweise wird allerdings auch dem Laienelement, wie es dem repräsentativ-demokratischen System immanent ist, eine besonders helle Sicht auf die Dinge zugeschrieben und es deshalb in bestimmten fachlichen Kontexten dem etablierten Wissenschafts- und Expertensystem für überlegen gehalten.[154]

Man könnte deshalb daran denken, dass Budget der Parlamentarier im Hinblick auf solche Tätigkeiten zweckgebunden zu erweitern, so dass es den Abgeordneten möglich ist, auf legistische Dienstleistungen Dritter außerhalb des Parlaments zuzugreifen und so auch Gesetzgebungsentwürfe oder Normvorgaben anderer Ebenen, die textlich oder inhaltlich nicht von ihm selbst stammen, beurteilen zu können.

b) Stärkung des Abgeordneten durch personalisiertes Wahlrecht

Ein auf den ersten Blick etwas ferneres und vielleicht vor allem strukturell wirkendes Element könnte die Stärkung der Abgeordneten selbst sein. Diese hätten dann möglicherweise ein stärkeres Selbstbewusstsein nicht nur gegenüber Partei und Fraktion, sondern auch gegenüber Verbänden und Interessenvertretungen sowie politischen „Sachzwängen“. So könnte dies zu einer Transparenz von Verbindungen mit Verbänden sorgen, die durch den Wähler tatsächlich sanktioniert werden könnten. Vermutlich würde ein solchermaßen gestärkter Abgeordneter weit weniger geneigt sein, sich externe Entwürfe von Dritten kritiklos vorsetzen zu lassen.[155]

---

153 *Plickert*, Die heimlichen Goldgruben der Parteien, in: F.A.Z. v. 26.11.2014, S. 16.

154 Dazu exemplarisch und pointiert *Finke*, Citizen Science – Das unterschätzte Wissen der Laien, 2014.

155 *Papier*, Lobbyismus und parlamentarische Demokratie, liberal 1/2007, S. 16 (21).

c) Gesetzgeberische Hilfsorgane

Wenn man nicht (nur) den einzelnen Abgeordneten, sondern das Parlament als Ganzes mehr in die Lage versetzen will, mit den dritt(mit)bestimmten Gesetzesvorlagen inhaltlich zurecht zu kommen, könnte man für die rezipierende und kontrollierende Tätigkeit der Abgeordneten an Hilfsorgane und Parlamentsdienste denken. Eine ähnliche Einrichtung wäre auch für in der Parallelgesetzgebung überforderte Ministerialverwaltungen kleinerer Bundesländer denkbar.

aa) Wissenschaftlicher Dienst

Dem Bundestag und seinen Abgeordneten steht etwa der Wissenschaftliche Dienst (WD) für Analysen, Fachinformation und gutachterlichen Stellungnahmen zur Verfügung. Grundsätzlich begleitet der Wissenschaftliche Dienst alle Stadien des parlamentarischen Prozesses in strikter parteipolitischer Neutralität.[156] Allerdings wird er meist im Anfangsstadium eines Vorhabens zur Meinungs- und Willensbildung des parlamentarischen Auftraggebers genutzt;[157] dies bedeutet dann vor allem die Sammlung und Aufbereitung von Information. Allgemein fungiert er nicht als Gesetzgebungshilfsdienst, sondern als Informationshilfsdienst.[158]

bb) Gesetzgebungsdienst

Einem bestehenden Wissenschaftlichen Dienst könnte aber ein wirklicher Gesetzgebungsdienst zur Seite gestellt werden oder dieser um ei-

---

156 *Blum*, Wege zu besserer Gesetzgebung – sachverständige Beratung, Begründung, Folgeabschätzung und Wirkungskontrolle. Gutachten, Verhandlungen des 65. DJT, Bd. 1, 2004, I 1 (I 136).

157 *Schick/Hahn*, Wissenschaftliche Dienste des Deutschen Bundestages, 5. Aufl. 2000, S. 23.

158 *Blum*, Wege zu besserer Gesetzgebung – sachverständige Beratung, Begründung, Folgeabschätzung und Wirkungskontrolle. Gutachten, Verhandlungen des 65. DJT, Bd. 1, 2004, I 1 (I 136 f.); dort aufgelistet auch die Dienstleistungen, die der Wissenschaftliche Dienst aus seiner Sicht bereitstellt.

nen solchen ergänzt werden. Dies würde dem Parlament bei legisfaktorischen Tätigkeiten helfen und ihm seine eigentliche Fähigkeit wieder zurückgeben, nämlich das Erstellen von Gesetzen.[159]

Solche Institutionen finden sich in den angelsächsischen Ländern (Großbritannien: Parliamentary Counsel Office;[160] USA: Congressional Research Service;[161] Kanada: Gesetzgebungsdienst im Justizministerium[162]) sowie in einigen Bundesländern, etwa dem Gesetzgebungs- und Beratungsdienst (GBD) beim Niedersächsischen Landtag[163]. Die Aufgaben des niedersächsischen Gesetzgebungs- und Beratungsdiensts gehen also weiter als die bloße Informations- und Wissensaufbereitung des Wissenschaftlichen Diensts des Bundestages. Über Gutachten und Auskünfte hinaus ist er auch für Gesetzentwürfe usw. zuständig.[164] Ein zweiter Tätig-

159 Ähnlich auch *Partmann*, Outsourcing von Gesetzgebungsverfahren – ein bedenkliches Phänomen? in: Schnabl/Scholz (Hrsg.): Aufgeschlossen für Wandel – verankert in gemeinsamen Grundwerten: Demokratie und Wirtschaft in Deutschland und der Europäischen Union, Interdisziplinärer Förder-Kongress 14. bis 15. Juni 2012, 2013, S. 157, der für eine Ausweitung des Wissenschaftlichen Dienstes des Bundestags plädiert, allerdings die Tätigkeit darauf beschränken will, eingebrachte Gesetzentwürfe auf Rechtssystematik, Verfassungskonformität, sprachliche Eindeutigkeit sowie Zweckmäßigkeit im Hinblick auf den Gesetzesnutzen zu prüfen. *Brunn*, Möglichkeiten einer Rechtsförmlichkeitsprüfung im parlamentarischen Verfahren, ZRP 2004, S. 79 (79 f.), fordert die Erweiterung des Wissenschaftlichen Dienstes um die Möglichkeit einer Rechtsförmlichkeitsprüfung, wie sie auch durch das Bundesjustizministerium vorgenommen wird.

160 Dazu *Blum*, Wege zu besserer Gesetzgebung – sachverständige Beratung, Begründung, Folgeabschätzung und Wirkungskontrolle. Gutachten, Verhandlungen des 65. DJT, Bd. 1, 2004, I 1 (I 91 ff.).

161 *v. Winter*, Die Wissenschaftlichen Dienste des Deutschen Bundestages, in: Falk/Rehfeld/Römmele/Thunert (Hrsg.): Handbuch Politikberatung, 1. Aufl. 2006, S. 198 (199 f.); *Partmann*, Outsourcing von Gesetzgebungsverfahren – ein bedenkliches Phänomen? in: Schnabl/Scholz (Hrsg.): Aufgeschlossen für Wandel – verankert in gemeinsamen Grundwerten: Demokratie und Wirtschaft in Deutschland und der Europäischen Union, Interdisziplinärer Förder-Kongress 14. bis 15. Juni 2012, 2013, S. 157.

162 *Bergeron*, La centralisation des fonctions rédactionnelles dans la filière législative fédérale au Canada, LeGes 3/2002, S. 85 (85 ff.).

163 *Partmann*, Outsourcing von Gesetzgebungsverfahren – ein bedenkliches Phänomen? in: Schnabl/Scholz (Hrsg.): Aufgeschlossen für Wandel – verankert in gemeinsamen Grundwerten: Demokratie und Wirtschaft in Deutschland und der Europäischen Union, Interdisziplinärer Förder-Kongress 14. bis 15. Juni 2012, 2013, S. 157; *Blum*, Wege zu besserer Gesetzgebung – sachverständige Beratung, Begründung, Folgeabschätzung und Wirkungskontrolle. Gutachten, Verhandlungen des 65. DJT, Bd. 1, 2004, I 1 (I 142 f.).

164 *Blum*, Wege zu besserer Gesetzgebung – sachverständige Beratung, Begründung, Folgeabschätzung und Wirkungskontrolle. Gutachten, Verhandlungen des 65.

keitsbereich des GBD liegt in der Würdigung aller Gesetzentwürfe, die im Landtag eingebracht werden.[165] Der Gesetzgebungs- und Beratungsdienst dient so als Gegengewicht für die Abgeordneten gegenüber der Argumentationsmacht der Ministerialverwaltung.

Ein solcher parlamentarischer Gesetzgebungsdienst müsste so ausgestattet sein, dass es ihm möglich ist, umfangreiche Gesetzentwürfe nicht nur zu erarbeiten, sondern auch zu prüfen und ggf. Alternativen aufzuzeigen. Die Mitarbeiter eines solchen legistischen Diensts müssten in der Gesetzgebung kundig sind. Praktisch würde dies dadurch gewährleistet werden können, dass sie Erfahrungen aus ministerieller Arbeit besitzen oder aber mindestens eine Ausbildung darin genossen haben. Hierbei könnte man an die Gesetzgebungslehrgänge der Berufsakademie für öffentliche Verwaltung denken.[166]

cc) Normenkontrollrat

Der 2006 auf Bundesebene ins Leben gerufene Normenkontrollrat stellt – wie der Namen bereits nahelegt – ausschließlich eine Institution zur nachgängigen Kontrolle von Gesetzentwürfen dar. Seine Aufgabe als Hilfsorgan der Bundesregierung (vgl. § 1 Abs. 2 NKRG) ist es, Gesetzentwürfe auf ihre Wirkungen und Kosten zu überprüfen (vgl. § 1 Abs. 3 NKRG). In dieser Zielrichtung unterscheidet sich der Normenkontrollrat vom Wissenschaftlichen Dienst des Bundestages und auch von einem parlamentarischen Gesetzgebungsdienst.

DJT, Bd. 1, 2004, I 1 (I 142 f.) – Meist allerdings handelt es sich bei Gesetzentwürfen um keine ganzen Entwürfe, da dem Landtag hierfür der notwendige Verwaltungsunterbau und somit das notwendige Faktenwissen fehlt, um ein derartiges Vorhaben umsetzen zu können; er erarbeitet allerdings Regelungen zu gut erschlossenen Lebenssachverhalten.

165 *Blum*, Wege zu besserer Gesetzgebung – sachverständige Beratung, Begründung, Folgeabschätzung und Wirkungskontrolle. Gutachten, Verhandlungen des 65. DJT, Bd. 1, 2004, I 1 (I 143 f.).

166 *Schulze-Fielitz*, Wege, Umwege oder Holzwege zu besserer Gesetzgebung, JZ 2004, S. 862 (868), der dies zumindest für die federführenden Fachreferate der Ministerien fordert.

Zusätzlich obliegt ihm aber auch die Prüfung von Gesetzen im Hinblick auf die verständliche Darstellung des Ziels, auf die Notwendigkeit der Regelung und das Vorhandensein anderer Lösungsmöglichkeiten (vgl. § 4 Abs. 2 NKRG).[167] Er könnte deshalb als der Nukleus eines Gesetzgebungsdiensts verstanden werden. In seiner gegenwärtigen Ausstattung mit nur zehn Mitgliedern (§ 3 Abs. 1 Satz 1 NKRG) und dem fehlenden Verwaltungsunterbau wäre er aber gegenwärtig mit einer solchen Aufgabe überfordert.

d) Institutionalisierung externer Beratung

Gesamthaft auf das Gesetzgebungsverfahren als solches wirkt eine Institutionalisierung externer Gesetzeszuarbeit und bewirkt gewissermaßen eine „Internalisierung externer Beratung". Das Mittel hierfür sind Gremien, die in das förmliche Gesetzgebungsverfahren eingebunden sind.

Aus dem reichen Schatz von Rechtsgeschichte und Rechtsvergleichung kann hier auf den früheren bayerischen Senat (Art. 34 BayVerf a.F.) verwiesen werden, der als Vertretung der sozialen, wirtschaftlichen, kulturellen und gemeindlichen Körperschaften des Landes (Art. 36 BayVerf a.F.) gutachterliche Stellungnahme zu Gesetzesvorlagen auf Verlangen der Regierung abgab (Art. 40 Satz 1 BayVerf a.F.).[168] Mit Blick über die deutschen Grenzen sei auf Art. 75 der griechischen Verfassung verwiesen, der die Beteiligung des Rechnungshofes vorsieht; Gesetzentwürfe dürfen nur dem Parlament vorgelegt werden, wenn der Rechnungshof die fiskalischen Konsequenzen des Gesetzentwurfes ermittelt.[169]

Eine Vorschrift auf Bundesebene, die ein solches beratendes Gremium jedenfalls grundsätzlich als denkbar voraussetzt, findet sich in Art. 122 Abs. 2 GG, nach dem „[…] bei der Gesetzgebung beratend mitwirken-

167 *Seckelmann*, Neue Aufgaben für den Nationalen Normenkontrollrat – Perspektiven für die Folgenabschätzung von Gesetzen?, ZRP 2010, S. 213 (213 f., 215).

168 *Maunz/Papier*, Verfassungs- und Verfassungsprozessrecht, in: Berg/Knemeyer/Papier/Steiner (Hrsg.): Staats- und Verwaltungsrecht in Bayern, 6. Aufl. 1996, Teil A Rn. 139.

169 *Ennuschat*, Wege zu besserer Gesetzgebung – sachverständige Beratung, Begründung, Folgenabschätzung und Wirkungskontrolle, DVBl. 2004, S. 986 (989).

de Körperschaften [...]" mit dem Zusammentritt des Bundestags aufgelöst sind.[170]

Mit dieser Vorschrift angesprochen ist aus vorkonstitutioneller Zeit neben dem Wirtschaftsrat, der die Aufgabe hatte, Gesetzesinitiativen zu starten, zu beraten und zu beschließen,[171] der Länderrat. Dessen Funktion bestand ausschließlich darin, Stellungnahmen zu beschlossenen Gesetzen abzugeben.[172] Ein weiteres beratendes Gremium war der sogenannte „Zonenbeirat" in der britischen Besatzungszone, der aber keine legislativen oder exekutiven Kompetenzen hatte, sondern lediglich Gutachten, Empfehlungen und Stellungnahmen abgab.[173]

4. Kein Zeitdruck

Am wichtigsten aber scheint es, dass der Gesetzgeber Zeitdruck vermeidet. Zeit ist eine endliche Ressource, und gerade durch das Outsourcing, also die Auslagerung und Delegation von Aufgaben, können zusätzliche „Zeit-Räume" geschaffen werden.

a) Frühzeitige Einbindung

Zeitdruck lässt sich in Gesetzgebungsverfahren nicht immer vermeiden; etwa bei der sog. „Euro-Rettung" war schnelles Handeln unabdingbar. Es ist allerdings kein Geheimnis, dass die Ministerialbürokratie gelegentlich das Tempo im Gesetzgebungsverfahren variiert, um Widerstände in Parlament und/oder Öffentlichkeit zu überwinden.

Ein Beispiel aus der jüngeren Vergangenheit war die Novelle des nordrhein-westfälischen Landesmediengesetzes im Sommer 2014, in die kurz vor dem Gesetzesbeschluss im Landtag noch rasch politisch scheinbar bedeutsame Änderun-

---

170 *Ennuschat*, Wege zu besserer Gesetzgebung – sachverständige Beratung, Begründung, Folgenabschätzung und Wirkungskontrolle, DVBl. 2004, S. 986 (989).

171 *Holtkotten*, in: Kahl/Waldhoff/Walter (Hrsg.): Bonner Kommentar zum Grundgesetz, Stand: 169. Erg.-Lfg. (2014), Art. 122 S. 5.

172 *Stettner*, in: Dreier (Hrsg.): GG – Grundgesetzkommentar, Bd. 3, 2. Aufl. 2008, Art. 122, Rn. 12; *Schulze*, in: Sachs (Hrsg.): GG, 7. Aufl. 2014, Art. 122 Rn. 6.

173 *Holtkotten*, in: Kahl/Waldhoff/Walter (Hrsg.): Bonner Kommentar zum Grundgesetz, Stand: 169. Erg.-Lfg. (2014), Art. 122 S. 5.

gen eingefügt wurden, die nicht nur Parlament und Öffentlichkeit überrumpelten, sondern augenscheinlich auch den Verfasser selbst.[174]

Dem Entstehen von Zeitdruck kann durch frühzeitige Einbindung des Normgebers entgegengewirkt werden. Ob hierfür eine aktive Einbindung des Parlaments in jeder Phase des inneren Gesetzgebungsverfahrens notwendig ist,[175] mag man für übertrieben halten. Jedenfalls aber zeigt der sogenannte „Erste Durchgang" (zugunsten des Bundesrates, Art. 76 Abs. 2 Satz 1 GG) im regulären Gesetzgebungsverfahren, dass dieses Element frühzeitiger Einbindung dem deutschen Verfassungsrecht nicht fremd ist. Diesem Gedanke – dogmatisch vielleicht auf die Kombination von Verfassungsorgantreue und Demokratieprinzip gestützt – könnte man durch Konsultation und Information sowie Verständigung unter den Gesetzgebungsorganen gerecht werden.[176]

b) Angemessene Beratungszeit

Neben der Informierung im Vorfeld könnte auch das Konzept der Beratungsfristen in die Richtung ausgebaut werden, dass angemessene Prüfungs- und Beratungszeit besteht. Dem Grundgesetz sind in Gestalt der Beratungsfristen (Art. 76 Abs. 2 u. 3 GG) solche (Mindest- und Höchst-)Fristen durchaus bekannt.

Allerdings zeigt sich schon heute, dass der mit den Fristen gewollte retardierende Effekt durch tatsächliche, geschaffene oder behauptete Sachzwänge und Dringlichkeiten ausgehebelt werden kann.[177]

---

174 Vgl. die kurze Wiedergabe der Gesetzgebungsgeschichte *Burger*, Das ist ein Machtspiel!, in: F.A.Z. v. 28.11.2014, S. 15.

175 So *Kloepfer*, Möglichkeiten und Grenzen paktierter Gesetzgebung am Beispiel des Atomrechts, ZG 2010, S. 346 (352).

176 *Kloepfer*, Rechtsfragen zur geordneten Beendigung gewerblicher Kernenergienutzung in Deutschland, DVBl. 2007, S. 1189 (1193).

177 Kritisch zu Mindestberatungszeiten *Blum*, Wege zu besserer Gesetzgebung – sachverständige Beratung, Begründung, Folgeabschätzung und Wirkungskontrolle. Gutachten, Verhandlungen des 65. DJT, Bd. 1, 2004, I 1 (I 123).

IV. (Zusätzliche) Kontrolle durch die Öffentlichkeit

Kontroll- und Wissensdefizite, die beim Gesetzgeber nicht ausgeglichen werden können, können aber immer noch auf einer weiteren Stufe aufgefangen werden. Durch Transparenz und Partizipation kann der Blick von vielen auf die von Dritten vorgegebene Gesetzgebung geworfen werden.

1. Transparenz

Die partikularen Einflüsse, die durch die Beteiligung Dritter an der Gesetzgebung entstehen können, können durch Transparenz eingegrenzt werden.[178] Teilweise wird ein Öffentlichkeitsgebot auch unmittelbar dem Demokratieprinzip entnommen.[179]

Ob eine Transparenzpflicht als zwingend aus dem Grundgesetz abgeleitet werden kann oder muss, soll hier offenbleiben. Vertreten wird die gesamte Bandbreite der Meinungen von einem grundrechtlichen Anspruch (aus Art. 5 Abs. 1 Satz 1 GG)[180] über die Wahlrechtsgrundsätze[181] bis hin zum Demokratieprinzip.[182] Tatsächlich wäre wohl letzteres vorzugswürdig, weil ja weder die Gesetzgebung und daher auch nicht die Transparenz (bzw. deren Verfahren) dazu bestimmt sind, dem Einzelnen individuell zu dienen und nutzen, sondern der Allgemeinheit.

178 *Kloepfer*, Gesetzgebungsoutsourcing – Die Erstellung von Gesetzentwürfen durch Rechtsanwälte, NJW 2011, S. 131 (134).

179 Überblick bei *Schulze-Fielitz*, Der informale Verfassungsstaat, 1984, S. 135 f.

180 *Wegener*, Der geheime Staat, 2006, S. 480 ff.; *Steinmüller/Lutterbeck/Mallmann/Harbort/Kolb/Schneider*, Grundfragen des Datenschutzes, 1971 (BT-Drs. 6/3826), S. 62 ff.; dazu *Dix*, Anonymität für Lobbyisten? Zur Balance zwischen Informationsfreiheit und Datenschutz, in: Garstka/Coy (Hrsg.): Wovon – für wen – wozu. Systemdenken wider die Diktatur der Daten – Wilhelm Steinmüller zum Gedächtnis, 2014, S. 337 (337).

181 *Nolte*, Die Herausforderung für das deutsche Recht auf Akteneinsicht durch europäisches Verwaltungsrecht, DÖV 1999, S. 363 (367 f.).

182 *Schwan*, Amtsgeheimnis oder Aktenöffentlichkeit?, 1984, S. 98 ff.; *Petrén*, Die Aktenöffentlichkeit in Schweden, VerwArch 1958, S. 323 (332 f.).

a) Dokumentation der Beteiligung Dritter

So ist vorgeschlagen worden, dass, wenn Dritte im Vorfeld einer Normsetzung tätig geworden sind, sie und dieser Umstand im weiteren Normsetzungsverfahren für alle Beteiligten (und damit die Öffentlichkeit) kenntlich gemacht wird; vor allem, welche Teile in welchem Umfang auf die Beteiligung der Dritten zurückgehen. Denn die Beteiligten im weiteren Normsetzungsprozess können nur dann (besonders) kritisch mit den externen Vorschlägen umgehen, wenn diese überhaupt als solche erkannt werden können.[183] Die Europäische Kommission etwa dokumentiert deshalb Treffen von Kommissionsmitgliedern[184] und Generaldirektoren[185] mit Stakeholdern. Wenn Dritte im Rahmen des Gesetzgebungsverfahrens beteiligt werden (begleitende Beratung) und in den Ausschüssen angehört werden, so sind diese Anhörungen für die Öffentlichkeit zugänglich zu machen.

Zusammengefasst werden solche Forderung unter dem Stichwort der „legislativen Fußspur" diskutiert.[186] Darunter sind die Informationen zu verstehen, die auf dem Vorblatt des Gesetzentwurfes oder in der Gesetzesbegründung dokumentieren, welche externe Person signifikanten Einfluss auf die Ausarbeitung hatte.[187]

Wenn also das Verfassen von Gesetzentwürfen in den außerparlamentarischen und deshalb in Transparenzhinsicht nicht optimal ausge-

---

183 *Risse*, Verfassungsrechtliche und politische Grenzen des Gesetzgebungsoutsourcing, in: Kloepfer (Hrsg.): Gesetzgebungsoutsourcing, 2011, S. 109 (120).

184 Commission Decision of 25.11.2014 on the publication of information on meetings held between Members of the Commission and organisations or self-employed individuals (C(2014) 9051 final).

185 Commission Decision of 25.11.2014 on the publication of information on meetings held between Directors-General of the Commission and organisations or self-employed individuals (C(2014) 9048 final).

186 *Speth*, Lobbying in Deutschland, in: Transparency International Deutschland (Hrsg.): Lifting the Lid on Lobbying: Taking Secrecy out of Politics in Europe, 2014, S. 24; zurückgehend auf *OECD*, Transparency and Integrity in Lobbying, Principle 6, unter: http://www.oecd.org/gov/ethics/Lobbying-Brochure.pdf (abgerufen am 4.8.2015).

187 *Olberding*, Rechtliche Möglichkeiten der Steuerung von Interessenpolitik, 2013, S. 184. Teilweise umgesetzt z.B. in Berlin (vgl. *Berliner Beauftragter für Datenschutz und Informationsfreiheit* (Hrsg.): Jahresbericht 2011, S. 189).

leuchteten Bereich verschoben ist, könnte man an eine stärkere Durchleuchtung dieser Texterzeugnisse im Rahmen der parlamentarischen Beratung denken. Dies kann einmal innerhalb der Plenar- und Ausschussdebatten geschehen. Bei Fachgesetzen mag sich hierfür aber besonders die Sachverständigenanhörung[188] anbieten.

b) Lobby-Register und verwandte Maßnahmen

Ein in den vergangenen Jahren vieldiskutiertes Mittel zur Verbesserung der Transparenz hinsichtlich von Lobbyisten ist die Einführung eines entsprechenden Registers. Hierzu gibt es eine OECD-Initiative,[189] und es existieren ein entsprechendes Transparenzregister in der Europäischen Union und ein Verhaltenskodex, der von Seiten der Interessenvertreter bei den Beziehungen mit EU-Organen zu befolgen ist.[190] Für Deutschland sind verschiedene Maßnahmen vorgeschlagen worden,[191] etwa ein verpflichtendes Lobbyregister[192] für Bundestag und Bundesregierung.[193]

---

188 Differenzierend *Blum*, Wege zu besserer Gesetzgebung – sachverständige Beratung, Begründung, Folgeabschätzung und Wirkungskontrolle. Gutachten, in: Verhandlungen des 65. DJT, Bd. 1, 2004, I 1 (I 121 f.).

189 *OECD*, Lobbyists, Governments and Public Trust, Bd. 1, 2009; *OECD*, Transparency and Integrity in Lobbying, unter: http://www.oecd.org/gov/ethics/Lobbying-Brochure.pdf (abgerufen am 4.8.2015).

190 Institutionelle Vereinbarung zwischen dem Europäischen Parlament und der Europäischen Kommission über das Transparenz-Register für Organisationen und selbstständige Einzelpersonen, die sich mit der Gestaltung und Umsetzung von EU-Politik befassen v. 16.4.2014 (ABl. L 277 v. 19.9.2014 , S. 11); dazu *Philipp*, Transparenz-Register für Lobbyisten, EuZW 2011, S. 452 (452); *ders.*, Einfrieren und Offenlegen von Vermögenswerten, EuZW 2011, S. 453 (453); (Detail-)Kritik von der EU-Bürgerbeauftragten *O'Reilly*, im Verfahren OI/7/2014/NF, an die Europäische Kommission über die Zusammensetzung von Expertenkommissionen.

191 Z.B. Transparency International Deutschland, Lobbying in Deutschland, 2014, und *Olberding*, Rechtliche Möglichkeiten der Steuerung von Interessenpolitik, 2013, S. 157; Überblick bei *Kopp*, Recht, Transparenz und Integrität beim Lobbying – Compliance angesichts von Regulierung und Selbstverpflichtungen, CCZ 2013, S. 67 (67ff.).

192 *Gerig*, Der rechtliche Rahmen für Lobbyisten, ZRP 2014, S. 247 (248); *Olberding*, Rechtliche Möglichkeiten der Steuerung von Interessenpolitik, 2013,

Illustriert werden können die kulturellen Schwierigkeiten bei der Herstellung von „Transparenz in der Lobby“ durch folgende Begebenheit aus der jüngeren Vergangenheit: Die Fraktionen des Bundestags können (grüne) Hausausweise für Externe beantragen, was bei Lobbyisten als sehr attraktiv gilt; über 2000 Stück waren 2014 ausgegeben. Geregelt ist dies in den (nicht veröffentlichten) „Zugangs- und Verhaltensregeln“, die der Ältestenrat als Ergänzung der Hausordnung per Beschluss 2011 beschlossen hat. – Schon hinsichtlich dieser lobbybezogenen Informationen war das Parlament nur schwer zu Transparenz zu bewegen.[194]

c) (Allgemeiner) Informationszugang

Das Informationsfreiheitsgesetz (IFG) des Bundes, das den Zugang zu amtlichen Informationen regelt, gilt für die gesetzgebende Tätigkeit von Bundestag, Bundesrat und Bundesregierung nicht (§ 1 Abs. 1 Satz 2 IFG).[195]

In einer Reihe von Bundesländern gibt es bzw. sind sog. Transparenzgesetze in Vorbereitung (Hamburg, Bremen, Rheinland-Pfalz), die eine proaktive Informationsbereitstellung durch die öffentliche Hand be-

---

S. 141 ff.; *Hoppe*, Transparenz per Gesetz? – Zu einem künftigen Lobbyisten-Register, ZRP 2009, S. 39 (39 ff.)

193 Für eine Verpflichtung (auch) der Bundesregierung würde eine Änderung der Geschäftsordnung des Bundestages nicht ausreichen. Erforderlich wäre entweder ein formelles Gesetz oder eine Parallelregelung (s.o. B.V.) in der GGO. Soweit eine solche Regelung als Eingriff in die Berufs(ausübungs)freiheit der Interessenvertreter (Art. 12 Abs. 1 GG) zu verstehen wäre, bedürfte es wohl eines formellen Gesetzes (*Hoppe*, Transparenz per Gesetz? – Zu einem künftigen Lobbyisten-Register, ZRP 2009, S. 39 (40)). Für ein solches bestünde unproblematisch eine Bundesgesetzgebungskompetenz kraft Natur der Sache (*Olberding*, Rechtliche Möglichkeiten der Steuerung von Interessenpolitik, 2013, S. 143; *Hoppe*, Transparenz per Gesetz? – Zu einem künftigen Lobbyisten-Register, ZRP 2009, S. 39 (40)), soweit es um das Lobbying gegenüber dem Bundesgesetzgeber geht. Ob hinsichtlich der Bundesregierung der Kernbereich der Exekutive (vgl. BVerfGE 9, 268 (279 f.) – Bremer Personalvertretung) betroffen wäre (verneinend *Olberding*, Rechtliche Möglichkeiten der Steuerung von Interessenpolitik, 2013, S. 157), wäre zu prüfen.

194 Vgl. dazu (im Zusammenhang mit dem IFG) VG Berlin, Urt. v. 18.06.2015, Az. VG 2 K 176.14.

195 Kritisch *Meßerschmidt*, Private Gesetzgebungshelfer – Gesetzgebungsoutsourcing als privatisiertes Regulierungsmanagement in der Kanzlerdemokratie?, Der Staat 51 (2012), S. 387 (410 f.).

zwecken. Allerdings nimmt auch diese „2. Generation von Informationszugangsgesetzen“ die Gesetzgebungstätigkeit bzw. die gesetzgebenden Körperschaften aus ihrem Anwendungsbereich heraus; als unmittelbares Instrument für die Transparenz im Gesetzgebungsverfahren und für das Gesetzgebungsoutsourcing scheiden sie insoweit aus.

Auf EU-Ebene ist man in dieser Hinsicht etwas weiter. Zwar gewährt die EuGH-Rechtsprechung Lobbyisten informationellen Schutz vor Informationszugangsansprüchen.[196] Aber jedenfalls besteht kein Schutz der Identität der Regierungsvertreter (im Rat),[197] die bei der Normsetzung (als mitgliedstaatliche Interessenvertreter) den Rechtstext vorformen.

d) Herstellung von Öffentlichkeit im Normsetzungsverfahren

Man kann also nicht nur ein Gebot der Öffentlichkeit bei Sachverständigenbeteiligung postulieren,[198] sondern überhaupt das Rechtsetzungsverfahren und das Agieren im Vorfeld deutlich transparenter machen.

2. Partizipation

Noch über die Herstellung von Transparenz in die Öffentlichkeit hinaus geht ein Hineinziehen der Öffentlichkeit in den Normsetzungsprozess. Partizipative Instrumente decken nicht nur die Kraftfelder der unterschiedlichen Einflussnahmen auf, sondern können zugleich ausglei-

196 EuGH, Slg. 2010, I-6055, Rz. 76 – Bavarian Lager (dazu *Dix*, Bedroht der Datenschutz die Informationsfreiheit? in: Bizer/Lutterbeck/Rieß (Hrsg.): Umbruch von Regelungssystemen in der Informationsgesellschaft. Freundesgabe für Alfred Büllesbach, 2002, S. 169 (172 ff.)); EuGH, Beschl. v. 18.6.2014, Rs. C-615/13 P – ClientEarth and PAN Europe ./. European Food Safety Authority.

197 *Dix*, Anonymität für Lobbyisten? Zur Balance zwischen Informationsfreiheit und Datenschutz, in: Garstka/Coy (Hrsg.): Wovon – für wen – wozu. Systemdenken wider die Diktatur der Daten – Wilhelm Steinmüller zum Gedächtnis, 2014, S. 337 (338, 344 f.) mit Verweis auf EuGH, Urt. v. 17.10.2013 – C-280/11 P – Access Info.

198 *Morlok*, Informalisierung und Entparlamentarisierung politischer Entscheidungen als Gefährdungen der Verfassung?, VVDStRL 62 (2003), S. 37 (74 f.).

chend und austarierend wirken. Die Beteiligung der Öffentlichkeit sorgt für Transparenz und vermeidet die Durchsetzung von unbegründeten Partikularinteressen, da eine Kontrolle durch Öffentlichkeit und Opposition ausgeübt wird.[199]

In Konsultationsverfahren werden (möglichst) viele Akteure durch Stellungnahme beteiligt und nicht nur spezifisch ausgesuchte Verbände oder Sachverständige. Werden Gesetzesvorhaben frühzeitig der Öffentlichkeit zur Verfügung gestellt und alle gesellschaftlichen Gruppen ermuntert, (konstruktive) Kritik an dem Vorhaben zu üben, können pluralistische Interessen aller Bevölkerungsgruppen berücksichtigt werden; zugleich wird die Akzeptanz und vielleicht sogar die materielle Legitimation des Gesetzes als solches gestärkt (partizipatives Element der Demokratie).[200]

V. Ergebnis: Kompensatorische Elemente für eine rezipierende Gesetzgebung

Obgleich es weder in der Sache noch in der Form verfassungsrechtlich vorgegeben ist, mag es sich verfassungspolitisch empfehlen, die Übernahme von Drittprodukten in die Gesetzgebung näher auszugestalten.[201] Hierbei sollte weniger an den Vorgaben für die legisfaktorische Zuarbeit gedacht werden (s.o. D.I u. D.II.), sondern an eine institutionelle (s.o. D.III.) und verfahrensmäßige (s.o. D.IV.) Flankierung.

---

199 *Kloepfer*, Möglichkeiten und Grenzen paktierter Gesetzgebung am Beispiel des Atomrechts, ZG 2010, S. 346 (352).

200 *Ennuschat*, Wege zu besserer Gesetzgebung – sachverständige Beratung, Begründung, Folgenabschätzung und Wirkungskontrolle, DVBl. 2004, S. 986 (990).

201 In diese Richtung auch *Risse*, Verfassungsrechtliche und politische Grenzen des Gesetzgebungsoutsourcing, in: Kloepfer (Hrsg.): Gesetzgebungsoutsourcing, 2011, S. 109 (121 f.).

E. Ergebnis

In Form von § 11 BDSG gibt es für den Umgang mit personenbezogenen Daten eine spezielle Regelung für das Outsourcing. Auch andere Rechtsgebiete haben auf diese Organisationsform inzwischen reagiert. Vielleicht ist es an der Zeit, auch für die Gesetzgebung die Arbeitsteilung mit Externen nicht mehr nur zu stigmatisieren, sondern sie als existierend und verbreitet anzuerkennen. Wenn man das tut, kann man dann auf die damit zusammenhängenden Problemlagen reagieren.

Überhaupt relativiert sich das Problem, wenn man sich vergegenwärtigt, dass das Auseinanderfallen von Normverfasser und Normgeber der Normalfall ist. Allerdings ist diese Konstellation in der Verfassung unternormiert, weil das Grundgesetz – ebenso die übrigen Verfassungen in Deutschland – immer noch von einer gesetzesverfassenden Funktion der Parlamente ausgehen. Dabei sind sie ein Ort der Debatte und damit der Kontrolle, nicht eine legistische Schreibstube – sie heißen ja deshalb auch „Parlament“ und nicht „Ekriment“.

Dresdner Vorträge zum Staatsrecht

Herausgegeben von Prof. Dr. Arnd Uhle

Lieferbar:

Band 1: **Mackenroth • Der Rechtsstaat in der Zwickmühle?**
Zur Balance von Freiheit und Sicherheit
Von Geert Mackenroth, Sächsischer Staatsminister der Justiz a.D.,
2011. 50 Seiten. Kart. € 15,00
ISBN 978-3-8329-6753-6

Band 2: **Papier • Bewährung und Reform der bundesstaatlichen Ordnung**
Von Prof. Dr. Dres. h.c. Hans-Jürgen Papier, Präsident des Bundesverfassungsgerichts a.D., Ludwigs-Maximilians-Universität München
2011. 33 Seiten. Kart. € 11,00
ISBN 978-3-8329-6912-7

Band 3: **de Maizière • Staatliches Handeln im Wandel der Zeit**
Von Prof. Dr. Thomas de Maizière, Bundesminister des Innern, Technische Universität Dresden
2012. 38 Seiten. Kart. € 12,00
ISBN 978-3-8329-7285-1

Band 4: **Häde • Euro-Rettung zwischen Exekutivprimat und Parlamentsvorbehalt**
Von Prof. Dr. Ulrich Häde, Europa-Universität Viadrina Frankfurt (Oder)
2012. 40 Seiten. Kart. € 12,00
ISBN 978-3-8329-7623-1

Band 5: **Kluth • Parlamentarische Gesetzgebung im postnationalen Zeitalter**
Von Prof. Dr. Winfried Kluth, Martin-Luther-Universität Halle-Wittenberg
2013. 46 Seiten. Kart. € 14,00
ISBN 978-3-8487-0751-5

Band 6: **Lang • Wahlrecht und Bundesverfassungsgericht**
Eine Skizze aktueller wahlrechtlicher Entscheidungen und Probleme
Von Prof. Dr. Heinrich Lang, Ernst-Moritz-Arndt-Universität Greifswald
2014. 92 Seiten. Kart. € 26,00
ISBN 978-3-8487-0481-1

Dresdner Vorträge zum Staatsrecht

Herausgegeben von Prof. Dr. Arnd Uhle

Band 7: **Huber • Verfassungsstaat und Finanzkrise**
Von Prof. Dr. Peter M. Huber,
Richter des Bundesverfassungsgerichts,
Ludwigs-Maximilians-Universität München
2014. 82 Seiten. Kart. € 22,00
ISBN 978-3-8487-0505-4

Band 8: **Gröpl • Die „Schuldenbremse" im Freistaat Sachsen**
Von Prof. Dr. Christoph Gröpl,
Universität des Saarlandes
2014. 86 Seiten. Kart. € 22,00
ISBN 978-3-8487-1780-4

Band 9: **von Lewinski • Gesetzesverfasser und Gesetzgeber – Outsourcing und Fertigprodukte im Normsetzungsverfahren**
Von Prof. Dr. Kai von Lewinski,
Universität Passau
2015. 70 Seiten. Kart. € 18,00
ISBN 978-3-8487-2688-2